언론고시
언론고시
언론고시
언론고시

고급 언론고시

실전연습

방송학·디지털 오답노트편

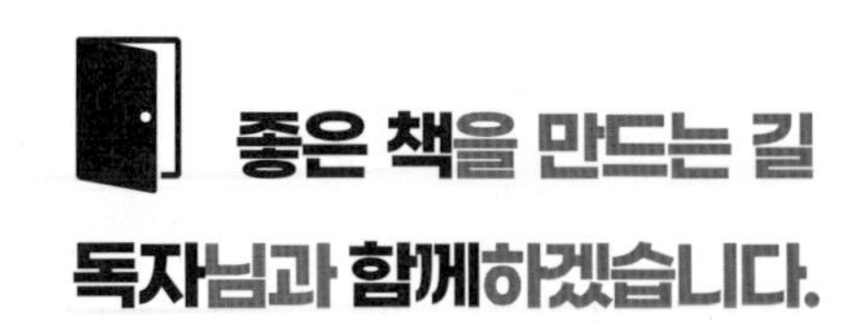

고급 언론고시 실전 연습 〈방송학 · 디지털 오답노트편〉

개정2판1쇄 발행	2021년 09월 10일 (인쇄 2021년 07월 09일)
초 판 발 행	2017년 01월 25일 (인쇄 2016년 10월 14일)
발 행 인	박영일
책 임 편 집	이해욱
편 저	이현택 · 김한별 · 오경묵 · 윤소라 · 강해령 · 강민경
편 집 진 행	조광용
표지디자인	이미애
편집디자인	김지수
발 행 처	(주)시대고시기획
출 판 등 록	제 10-1521호
주 소	서울시 마포구 큰우물로 75 [도화동 538 성지 B/D] 9F
전 화	1600-3600
팩 스	02-701-8823
홈 페 이 지	www.sidaegosi.com
I S B N	979-11-383-0299-9 (13320)
정 가	18,000원

언론고시
언론고시
언론고시
언론고시

고급 언론고시

실전연습

방송학·디지털 오답노트편

머리말

안녕하세요. '고급 언론고시 실전연습' 시리즈를 총괄 집필한 이현택입니다. 이 책은 본래 KBS의 방송학 시험을 대비하고, 타 언론사의 방송 관련 약술 또는 논술 시험을 준비하기 위해 만든 책입니다. 10년 쯤 전일 겁니다. KBS에서 방송학이라는 과목이 생겨나면서 수험가에 혼란이 있었습니다. 당시 공영방송 전문 서적을 공부하는 수험생들도 있었고, 또 어떤 수험생들은 방송학개론서를 정독하기도 했습니다. 언론고시 카페 '아랑'에서도 방송학 예상문제 취합을 한다는 글을 손쉽게 볼 수 있었습니다.

그 사이 수험 환경은 달라졌습니다. KBS에서 방송학개론 시험과목이 폐지됐습니다. 포괄적인 역량을 평가하는 상식 시험에서 몇 문제가 나올지 모릅니다. 하지만 전체 언론계에서 디지털화·영상화가 가속화되고 있습니다. 지상파 3사에서는 전통의 강호인 스브스뉴스의 SBS를 중심으로 엠빅, 14F 등을 내세우는 MBC, 크랩 등 다양한 실험을 내세우는 KBS의 활약이 두드러집니다.

신문과 종편에서도 다양한 디지털 혁신이 이뤄지고 있습니다. 조선미디어그룹에서는 조선일보가 아크퍼블리싱을 도입하고 디지털 기반의 새로운 100년을 선언하는 한편, TV조선은 확고한 시청자층 중심으로 유튜브 역량을 강화하고 있습니다. 중앙그룹에서는 디지털퍼스트를 사실상 완료한 중앙일보에 이어 JTBC도 디지털화를 가속화하고 있습니다. 한겨레는 사상 초유의 구독모델 실험에 들어갔습니다. 동아일보의 히어로콘텐츠나 한국일보의 쪽방촌 기획에는 박수가 절로 나왔습니다.

이 책의 내용을 상당 부분 개정하게 된 이유입니다. 언론계 전반을 강타하는 디지털 혁신의 소양에 대비하고, 방송학 공부법의 방향성에 대한 고민을 담아 개정판을 내게 됐습니다. 책의 이름도 이번 판부터는 〈방송학·디지털 오답노트편〉으로 바꿨습니다. 개정 과정에서 이화여대 윤세영저널리즘스쿨(YJS)에서 학생들과 논의한 결과를 반영했습니다. 또한 그동안 저를 많이 지도해 주신 이재경 교수님, 송상근 교수님, 홍성욱 SBS 사무처장님께 감사의 인사를 올립니다.

이번 개정을 하면서 선배들과 전문가 선생님들께도 많은 조언을 들을 수 있었습니다. 우선, 윤세영저널리즘스쿨에서도 특강을 해주신 바 있는 윤대섭 네이버 뉴스제휴담당 리더님께 깊이 감사드립니다. 윤 리더님의 디지털 식견과 뉴스 생태계에 대한 비전을 접할 수 있었습니다.

또한 제가 구글 뉴스룸 리더십 프로그램에 참여할 때 담당 멘토였던 아이린 제이 리우 구글 아시아태평양 뉴스 총괄님께도 감사드립니다. 한국기자협회에서 로컬 뉴스와 지역언론 정책에 대한 확고한 식견과 의지를 보이는 김봉철 부회장(아주경제 차장)께도 많이 배웠습니다.

제게 많은 가르침과 지적을 해 준 후배들에게도 고맙다는 말을 전합니다. YJS 출신인 이정수 조선비즈 기자의 도움이 컸습니다. 개정 과정에서 안영(국제부), 임규민(국제부), 김하연(경영기획본부) 등 조선일보 후배들의 아이디어를 참고했습니다. 또한 블록체인을 담당하고 있는 주동일 뉴스웨이 기자가 많은 도움을 주었습니다.

사실 고급 언론고시 실전연습 시리즈 중에서도 이 〈방송학・디지털 오답노트편〉은 제 주변 초심자 수험생들에게 관련 지식을 공부하는 방법을 혼자 연습해 보도록 유도하기 위한 연습서로 기획했습니다. 이 때문에 책 이름도 다른 시리즈와 달리 '오답노트편'입니다. 책의 내용을 파악하면서, 이 책의 공부법을 활용해 〈신문과 방송〉, 〈기자협회보〉, 〈미디어오늘〉 등에 나오는 최신 미디어 이슈를 파악하는 습관을 들인다면, 방송학과 디지털 분야 상식 및 약술, 논술 등은 충분히 대비할 수 있으리라 생각합니다. 출간 일정에 맞춰 작업을 하느라 혹시 모를 오류가 있을 수 있습니다. 부정확한 것이 있을 경우 출판사를 통해 연락을 주시면 바로잡도록 하겠습니다.

이 책에는 여러분의 합격을 보장하는 답안은 없습니다. 하지만 여러분의 합격을 위한 습관을 만들어 주는 오답노트 정리 습관을 만들어 줄 수 있을 것입니다. 변화무쌍하게 트렌드가 바뀌는 디지털 시대에 관련 지식을 완비해 줄 수 있는 것은 수험생 스스로의 오답노트이고, 최고의 강사는 나 자신이라는 것을 기억하십시오. 이 책은 당신은 최고의 방송학・디지털 전문가로 만들어 주기 위한 도구일 뿐입니다.

아무쪼록 이 책을 도구 삼아 독자 여러분께서 빨리 언론 현장에 진출하시기를 기원합니다.

2021년 7월

이현택 드림

목차

PART 1 최근 10년간의 출제경향과 우리의 대비

PART 2 방송학 · 디지털 핫 키워드 분석

PART 4 실전 약술 모의고사

PART 1

최근 10년간의 출제경향과 우리의 대비

PART 1

최근 10년간의 출제경향과 우리의 대비

언론 수험가에서 방송학에 대한 관심이 모이게 된 것은 공영방송 KBS로 인한 것이 크다. KBS에서는 2010년 필기시험에 방송학개론을 도입했다. 현재는 없어졌지만 10년 가까이 방송학 시험을 치르면서 수험생들의 방송 관련 지식 및 소양도 높아진 것이 사실이다. 또한 KBS의 방송학 시험과 동시에 타 언론사에서 상식 시험에 방송 및 미디어 관련 문항을 약술이나 상식으로 출제하는 것이 일상화됐다. 이 때문에 많은 수험생들은 시험을 앞두고 방송 및 미디어 관련 약술 예상문항을 취합하기도 한다.

첫 시험인 2010년 KBS 필기시험 당시에는 수험생들 사이에 혼란이 컸던 것도 사실이다. 이 때문에 어떤 문제집을 봐야 한다더라, 어떤 문제집에서 나오는 것 아니냐 등 여러 가지 추측이 일기도 했다. 하지만 KBS는 폭넓은 분야에서 문항을 출제했다는 것이 중론이었고, 이 때문에 KBS를 지망하는 수험생들은 평소에 방송과 미디어 관련 지식을 자신의 오답노트에 정리하면서 1년간의 수험을 준비하는 경우도 적지 않았다.

그중에서 취합은 오늘날 언론 수험가에서 가장 효과적인 방송 및 미디어 분야 공부 방법으로 꼽힌다. 월간 신문과 방송이나 기자협회보, 미디어오늘 등 미디어 비평지를 공부하면서 용어 정리를 하고, 방송 및 미디어, 디지털 관련 기본서 몇 권을 공부한다. 이를 바탕으로 출제가 가능할 법한 용어를 정리해 취합하고 스터디그룹을 꾸려가는 것이다. 2021년 기준으로 현존하는 최적의 공부방법이 아닐까 싶다.

방송 및 미디어 관련 약술 및 상식, 논술을 준비하기 위해서는 지원하는 회사의 현안에 대해서 관심을 가져야 하는 것은 물론이다. 가령 MBC에 지원하는 수험생이라면 전국 지역 MBC와 연계해 KBS와 같은 광역 방송망을 만들려는 '메가MBC' 계획에 대해서 설명할 수 있어야 한다. 또한 지역 언론에 지원하는 수험생이라면 네이버와 카카오의 지역언론 네이버 특별 입점심사에 대해서도 관심을 가져야 한다. 한겨레에 지원하는 수험생이라면 한겨레의 계열 매체는 무엇인지, 한겨레신문의 연재물 코너명은 무엇인지 챙겨봐야 한다. 이런 것들은 언제든 상식이나 약술, 논술, 면접 등에서 쉽게 나올 수 있는 내용들이다.

지금은 지상파 방송의 중간광고가 명시적으로 통과됐지만, 이전까지는 방송광고에 대한 것이 현안이라 수험에도 반영되는 일이 많았다. 간접광고나 광고총량제, 중간광고, 가상광고, 비대칭규제, PPL, PCM, 협찬고지, PPL 등이 두루 출제됐다. 물론 지금은 이 정도는 아니겠지만, 앞으로도 방송광고 관련한 약술 문제가 언제 어디서 출제될지 모르니 평소에 챙겨보는 것이 중요하다.

또한 최근에는 유튜브 시대다. 지상파 방송이나 케이블 TV, 종편 등을 TV 그 자체로 본방으로 보는 사람도 많지만, 유튜브를 통해 스마트폰으로 보는 사람이 훨씬 많은 시대가 됐다. 이에 대한 대비도 필요할 것이다. 뉴트로 트렌드에 맞춰 지상파에서 유튜브 서브 브랜드를 내놓은 것은 기본이고, 최근 자신이 지원한 직군에서 진행하는 유튜브 시도가 무엇인지도 챙겨봐야 하겠다.

그렇다고 유튜브만 파서는 될 일도 아니다. 기존의 주요 분과인 편성과 보도, 미디어기술, 뉴미디어 등 각 분야별로 문제가 고루 출제되고 있다. 특정 언론을 언급하지 않더라도, 방송학과 미디어 이슈, 디지털 상식 전반에서 골고루 문제가 출제되고 있는 것은 이미 다들 알고 있는 문제다. 최근 들어서 신조어 격인 인포데믹이나 적대적 미디어 지각, 객체주의 저널리즘 등에 대해서도 꾸준한 관심과 정리가 필요하다. 내가 노트에 정리하지 않은 신조어는 '모르는 것'이라는 점을 잊지 말자. 방송 및 언론의 역사는 최근 들어 다소 중요성이 덜해지는 분위기다. 각 언론사의 최신 이슈에서도 역사에 대한 문제는 잘 출제되지 않았다.

방송 및 미디어, 디지털 분야 문제의 10년간의 출제 경향을 한 줄로 요약하기는 쉽지 않다. 하지만 그 대비법은 한 줄로 요약해 말할 수 있다. '끊임없이 보고 메모하라.' 메모에 성공하는 사람은 쉽게 고득점을 얻게 된다.

참고문헌

- '원 포인트' 제평위 특별심사… 신청서류부터 공들이는 지역사들. 기자협회보 김달아 기자. 2021-06-30
- 전국 광역화 시동 건 MBC, 지역사 입장차 넘고 질주할까. 기자협회보 최승영 기자. 2021-06-30
- [시민편집인의 눈] 공짜 뉴스의 나라에서 뉴스 후원하기. 한겨레 김민정 한국외대 미디어커뮤니케이션학부 교수. 2021-06-17
- [국민논단] 선거철, 미디어가 걱정이다. 국민일보 권상희 성균관대 신문방송학 교수. 2012-07-26

언론고시 쉬어가기

각종 대외활동, 언론고시에 도움될까?

윤소라(전 SBS CNBC 기자)

나는 오늘도 처음 본 사람에게 말을 건넨다. 내가 준비하는 기사 주제에 대한 진심이 담기고 구체적인 '시민' 멘트를 받기 위해서다. 언론고시생 시절 당시 자기소개서에 사람 만나는 걸 좋아한다고 썼는데, 막상 기자로서 사람을 만나는 것은 그리 유쾌하지만은 않다. 방송 인터뷰를 요청하는 나를 무시하는 사람, 바쁜데 왜 잡느냐며 짜증 내는 사람, 때로는 자신이 선호하는 매체가 아니라며 인터뷰를 거절하는 사람 등…. 다양한 시민들의 행동에 익숙해지기에는 아직 내 기자 경력이 일천하다.

인터뷰이의 목소리를 담아야 하는 방송기사 특성상 방송기자는 상대를 '어르고 달래는' 일이 많다. 시민부터 전문가까지 별의별 사람들을 만나는 것뿐 아니라 디테일한 이야기를 끌어내야 한다. 카메라의 빨간불이 들어오기 전에는 청산유수처럼 말을 하던 인터뷰이가 카메라를 들이대면 얼어붙거나 입을 다물어버리는 것은 예삿일이다. 카메라 앞에서와 다른 맥락의 말을 하는 사람은 어떤가. 때로는 아예 말을 않는 사람도 있다. "교과서 같은 대답이라도 좋으니 한 마디만 해주기를…"하는 생각이 드는 경우도 부지기수다.

이런 인터뷰이들의 입을 열게 하는 것은 온전히 방송기자의 역량이다. 수습기자 시절 내게도 비슷한 시련이 있었다. 마감 시간은 다가오는데 길거리에서 인터뷰를 스무 번 이상 거절당했다면 어떨까. 정말로 주저앉아 울고만 싶었다. 곁에 있던 카메라기자 선배가 무서워서 말을 못했을 뿐이다. 처음 보는 행인에게 다가가서 인터뷰를 해야 한다는 스트레스에 잠을 못 자기도 했다. 누가 보면 "뭐 이런 걸로 스트레스 받아?"라고 핀잔을 줄 수도 있겠다. '스트레스 내성'이라는 점이 방송기자의 제1덕목으로 꼽히는 맥락을 나름대로 설명한다면 이렇다.

스트레스 내성을 기르는 것은 중요하다. 그렇다면 어떻게 스트레스를 겪어 볼 수 있을까. 꼭 인턴기자를 할 필요는 없다. 의외로 대외활동에서 기회를 찾을 수 있다. 나는 대학 시절 공기업 두 곳, 사기업 한 곳에서 홍보대사로 활동했다. 인턴기자도 한 곳에서 두 번 경험했다. 공기업 홍보대사 때는 욕을 듣는 것이 주된 일이었다. 당시 그 공기업에 대한 여론이 최악이었던 때였는데(어딘지는 밝히지 않겠다), 오프라인 홍보를 다닐 때마다 항상 쌍욕을 들었다. 또 전단지를 돌리는 아르바이트를 할 땐 전단지를 거부하는 사람들의 차가운 시선을 한 몸에 받아보기도 했다. 내가 이런 스트레스를 견뎌낼 수 있는 그릇인가를 시험해 볼 수도 있었지만 스트레스를 참아내는 혼자만의 방법을 터득할 수 있는 기회이기도 했다.

대외활동은 사소하게는 미래의 취재원을 만날 수 있는 기회이기도 하다. 모 기업에서는 실무자와 대학생이 만나 그 기업의 내부 사정을 들을 수 있는 기회도 제공했다. 당시 팀원 중 그 기업을 준비하는 사람이 많았기에 자연스럽게 팀원들끼리 모이는 경우도 잦았다. 물론, 취재원을 만들기 위해 대외활동을 하라는 건 아니다. 하지만 언론고시를 오래 준비하면, 주변에 기자나 PD, 아나운서 지망생만 남고 인맥이 한정적이 된다. 이럴 때 대외활동은 다른 직군의 사람들을 여럿 만나면서 내가 생각하지 못한 관점을 발견하는 기회가 된다.

언론인을 꿈꾸는 카페 〈아랑〉 등 인터넷 게시판을 보면 대학생 홍보대사 등 대외활동은 시간낭비이고, 그 시간에 언론사 인턴을 준비하라는 댓글이 올라오곤 한다. 하지만 꼭 그런 것만은 아니다. 언론사 인턴은 분명 좋은 기회다. 하지만 언론사 인턴을 하면서 겪을 수 있는 경험은 홍보대사 같은 대외활동에서도 충분히 느낄 수 있다. 언론사 인턴보다 더 새로운 자소서 거리로 활용할 수 있다. 주어진 역할을 언론인의 역량과 연결시킬 수 있는 기회는 무궁무진하다.

PART 2

방송학 · 디지털 핫 키워드 분석

PART 2

방송학 · 디지털 핫 키워드 분석

문제 1

방송통신위원회가 2020년 발표한 통합시청점유율에 대해 설명하라.

[예상문제]

답안

통합시청점유율은 기존 TV로 보는 방송프로그램 시청기록에 N스크린(스마트폰 · PC · VOD 등)을 통한 방송프로그램 시청기록을 합산해 계산한 수치를 말한다. 방송통신위원회는 2019년도 통합시청점유율을 시범 산정해 2020년 발표한 바 있다. 방통위가 2020년 발표한 수치에 따르면, 통합시청점유율은 KBS가 22.488%, CJ ENM 14.570%, MBC 11.733%, TV조선 9.656%, JTBC 9.164%, SBS 8.666%, 채널A 6.142%, MBN 5.070%, YTN 2.480%, 연합뉴스TV 2.270%로 나타났다.

해설

방송통신위원회는 그동안 N스크린 시대의 시청률 집계에 대해 꾸준히 연구와 논의를 진행해 왔다. ‘N스크린 시청기록 조사사업’ 등의 연구를 진행한 것은 물론이고, 2020년에는 통합시청점유율을 사상 처음으로 발표하기도 했다. 그 결과 다양한 채널을 보유하고 있는 방송 공룡 CJ ENM이 14.570%이라는 수치를 보여 존재감을 드러내기도 했다. TV조선 역시 미스터트롯 등 인기 프로그램에 힘입어 1% 이상 오르는 모습을 보였다.

시청률 조사는 꾸준히 변화하고 있다. 기존의 지상파 위주의 시청률 방식이 케이블채널의 인기를 반영하지 못하고 있다는 지적이 꾸준히 제기돼 왔기 때문이다. 또한 제대로 된 시청률이 나와야 TV 광고 시장의 활성화도 담보할 수 있다는 점에서 이는 필요한 논의이기도 하다.

방송통신위원회는 매년 매체교환율과 방송사업자 시청점유율을 발표한다. 매체교환율은 일간신문을 운영하는 회사가 방송을 겸영하거나 주식을 소유하는 경우 그 일간지의 구독률을 시청률로 환산한 수치(시청점유율)로 합산할 때 쓴다. 매체교환율은 2020년 방통위 발표(2019년에 대한 조사) 기준 1(방송)대 0.41(일간신문)이다.

‘전체 텔레비전 방송에 대한 시청자의 총 시청시간 중 특정 방송채널에 대한 시청시간이 차지하는 비율’로 정의되는 시청점유율에서, 한 방송사업자의 시청점유율은 30%를 초과할 수 없다. 물론 정부 또는 지방자치단체가 전액 출자한 경우, KBS와 EBS는 예외라는 이야기다. 하지만 KBS도 지금은 30%의 시청점유율을 유지하지 못하고 있다. 2020년 발표(2019년치) 기준으로, KBS가 24.966%, MBC가 10.982%, SBS가 8.026%, EBS가 2.027%다. 종편편성채널 중에서는 TV조선이 9.683%, JTBC 8.478%, 채널A 6.058%, MBN 5.185%, 보도전문채널에서는 YTN 2.530%, 연합뉴스TV 2.407%로 나타났다.

방송통신위원회는 또 2016년 고정형 TV 비실시간(VOD) 프로그램의 시청기록에 대한 시범조사 결과를 발표하기도 했다. 하루 평균 VOD를 이용한 사람은 개인당 97분(하루 3.15분), 가구당 158분(하루 5.15분)이었다. 본방송 다음날(28.2%)에 가장 많이 VOD를 봤다고 한다. 사업자 그룹별로는 지상파(63.6%)가 가장 많았고, CJ계열(17.8%), 종편(17.5%), 지상파계열PP(0.7%) 순이다. 향후 미디어 업계의 판도를 짐작할 수 있는 대목이다.

마찬가지로 연관 개념에 대해서 공부를 해 볼 필요가 있다. 우선 콘텐츠 파워 지수(CPI)라는 개념이 있다. CJ ENM과 닐슨코리아가 공동 집계하는 개념으로 영문으로는 'Contents Power Index'라는 뜻이다. OTT에 대해서는 후술하는 문제에서 공부를 해둬야 하겠다. 넷플릭스나 모바일 IPTV 등의 서비스를 뜻하는 말이다. 넷플릭스의 대표 콘텐츠인 '하우스 오브 카드' 등에 대해서도, 또 넷플릭스의 국내 진출과 전망에 대해서도 국내외 미디어 비평지를 통해 공부해 두는 것이 좋겠다.

국내외에서도 통합시청점유율을 꾸준히 집계하고 있다. 디지털타임스 기사에 따르면, 미국 NBC 등이 개발한 CIMM, 닐슨의 Digital Content Ratings, 영국 BARB의 통합시청률 조사, 독일 AGF의 조사 등이 있다. 이에 대해서도 꾸준히 정리해 두기를 권한다.

콘텐츠 파워 지수(CPI)

[예상문제]

유제 1-2

에어리오(Aereo) 서비스

[2014 KBS]

유제 1-3

하우스 오브 카드(House of Cards)

[2015 채널A]

유제 1-4

시청률과 점유율의 계산상 차이는?

[2010 KBS 변형]

피플미터(People Meter)의 조사 방법에 대해 약술하라.

[2012 KBS 변형]

매체교환율에 대해 아는 대로 쓰라.

[예상문제]

참고문헌

- "42억 예산 부은 시청조사 사업, 무성과?". 미디어오늘 금준경 기자. 2016-07-11
- CJ계열 시청점유율이 SBS를 앞지른 이유. 이데일리 김현아 기자. 2016-07-25
- 방통위, 2015년 고정형 TV VOD 프로그램 시청기록 조사결과 발표 보도자료. 방송통신위원회. 2016-06-13
- 방송 시청점유율 지각변동 '뚜렷'. 내일신문 고성수 기자. 2016-07-22
- 국가법령정보센터 홈페이지
- 방통위, 2016년 방송사 시청점유율 발표. 디지털데일리 채수웅 기자. 2017-08-10
- [알아봅시다] 해외 사례로 본 통합시청점유율. 디지털타임스 김지영 기자. 2018-01-29
- 통합시청점유율 KBS>CJ ENM>MBC>TV조선>JTBC. 미디어오늘 정철운 기자. 2020-09-09
- 방통위, 「2019년도 방송사업자 시청점유율 산정결과」 발표. 방송통신위원회 보도자료. 2020-09-09

문제 2

700MHz 대역 주파수에 대해 아는 대로 쓰라.

[2015 KBS 방송저널리스트, 2014~2015 SBS 방송경영 변형]

답안

흔히 '황금 주파수'라 불렸던 700MHz 대역(698~806MHz)의 주파수를 말한다. 정보를 전송할 때 노이즈가 적고 효율이 높다는 이유로 각광받았다. 미래창조과학부는 지난 2015년 7월 700MHz 주파수를 지상파 방송사의 초고화질(UHD) 방송용으로 폭 30MHz를, 통신사가 쓰는 음성・데이터 통신용으로 폭 40MHz를 각각 분배했다. 지상파 방송사들은 이를 바탕으로 2017년 2월 수도권을 시작으로 UHD 방송을 확대한다. UHD TV를 가지고 있는 가정이라면 누구나 무료로 시청할 수 있다. 하지만 국가에서 지상파 방송사에 700MHz 대역 주파수를 분배하는 경우는 세계적으로 드문 예이고, 이동통신 사업 발전을 저해하는 것 아니냐는 우려도 있다.

해설

주파수는 민감한 문제다. 경제 논리로 따지면 당연히 통신사에 배정되는 것이 맞는데, 지상파의 '공익성' 논리 때문에 누더기가 된 정책으로 꼽히기 때문이다.

700MHz 대역은 왜 황금 주파수일까. 전자신문 보도에 따르면 "전파 도달거리가 길고 회절손실이 적어 전파특성이 우수하다"고 한다. 국가재난 안전통신망・철도망・해양망 등 국가 통합망도 700MHz 대역을 사용하는 것은 물론, 2.1GHZ・2.6GHZ 대역보다 커버리지가 4~7배 넓어, 투자비용이 적게 든다.

실제로 해외에서는 700MHz 대역 주파수를 통신에 배정하는 경우가 많다. 유럽연합이 대표적이다. 유럽연합은 2020년까지 주파수를 정리하기로 했다. 700MHz 대역 주파수를 유럽 내 이동통신 주파수 통합의 매개로 삼기 위해, 2020년까지 회원국들이 694~790MHz 대역 주파수로 쓰이던 지상파 방송이나 무선 마이크 등의 주파수를 정리하고, 차세대 이동통신을 위해 비워둬야 한다. 그 외에도 미국・멕시코 등이 이 대역을 LTE나 이동통신 경쟁 수단으로 활용하고 있다.

국내에서는 700MHz 대역 주파수 활용이 혼란을 겪었다. 주파수 대역을 통신에 일부 배정하고, 또 초고화질(UHD) 방송에 일부 배정하면서 주파수 대역이 넓지 않은데다, 노래방 마이크 등이 이 대역을 쓰고 있어 간섭 논란도 있기 때문이다. 물론 지상파 방송사들의 UHD 방송과 관련한 보편적 시청권 논리도 일리가 있다. 공익과 경제 효율성이라는 양날의 검과 같은 문제로 볼 수도 있겠다.

유제로는 국가기간방송과 재난방송 주관사로서 KBS의 역할을 알아보는 것이 좋겠다. 또한 지상파 3사의 TV・라디오 채널 주요 주파수 정도는 시험 직전에 외워가는 것도 센스다. 보편적 시청권에 대해서는 다른 문제에서 후술하기로 한다.

FM라디오의 주파수 소수점 끝자리는 무엇이고, 그 이유는 무엇인가?

[2015 KBS 라디오PD 변형]

유제 2 - 2

국가기간방송 KBS의 역할과 재난방송에 대해 서술하라.

[예상문제]

유제 2 - 3

한국교육방송공사법 제1조 1항에 나온 EBS의 목표와 가치에 대해 아는 대로 쓰라.

[2013 EBS 변형]

유제 2-4

지상파 3사의 TV · 라디오 채널 주요 주파수를 쓰라.

[예상문제]

유제 2-5

ITU 전권회의

[2014 EBS]

유제 2-6

일제 강점기 단파 라디오 수신 사건의 개요와 의의에 대해 아는 대로 서술하라.

[2017 KBS 라디오PD 변형]

참고문헌

- [뉴스 TALK] 700MHz 황금 주파수 경매… 통신3사에 외면당한 까닭. 조선일보 김강한 기자. 2016-05-09
- 외면받은 700MHz, 해외선 알짜 주파수로 '각광'. 디지털타임스 박지성 기자. 2016-06-01
- [2016 주파수 경매] 황금 주파수 700MHz, 수요 없어 유찰. 전자신문 안호천 통신방송 전문기자. 2016-05-02

문제 3

공영방송의 수신료에 대해 서술하라.

[2012 KBS 변형]

답안

수신료란 TV를 시청하는 국민에게 부과되는 요금이다. 방송법 제64조에서는 "텔레비전 방송을 수신하기 위하여 수상기를 소지한 자는 수신료를 납부하여야 한다"면서 법적 근거를 두고 있다. 현실 속에서는 전기요금 내에 수신료 2,500원을 함께 부과하는 방식으로 징수된다. 2021년 7월 5일 KBS 방송통신이사회에 현행 수신료를 3,800원으로 인상하는 안을 제출했다.

가구당 수신료는 1963년 1월 100원에서 시작했다. 현재 수신료는 1981년 결정된 월 2,500원이다. 전기요금에 부과돼 함께 징수된 것은 1994년 10월부터다. 수신료는 97%가 KBS에, 3%가 EBS에 배분된다. 공영방송이지만 주식회사 구조로 광고수입 비중이 큰 MBC는 수신료를 받지 않는다. EBS는 연간 예산의 6%를 수신료로 채우고 있다.

해외 주요 국가의 공영방송은 수입의 70~97%를 수신료에 의존하고 있다. 하지만 KBS는 38.5%(2015년 기준)에 그친다. 품격 있는 한류 프로그램, 공명정대하고 깊이 있는 보도 및 시사교양 프로그램을 만들기 위해서는 수신료 재원의 확충이 선결되어야 한다는 논의가 많다.

해설

수신료는 KBS로서는 40년 넘게 해묵은 과제다. 이 책을 출간하기 직전인 2021년 7월 5일, KBS는 수신료를 월 2,500원에서 3,800원으로 52% 올리는 인상안을 방송통신위원회에 제출했다. 기자협회보에 따르면, 방통위는 60일 이내에 내용을 검토한 뒤 의견서를 첨부해 국회로 보내며, 국회는 과학기술정보방송통신위원회 심의와 본회의 표결을 거치게 된다. 하지만 2007년, 2010년, 2013년 수신료 인상시도 때처럼 이번에도 전망이 밝지 않다는 것이 기자협회보의 분석이다.

이번 국회에서 KBS 수신료 문제가 주된 쟁점으로 부상할 전망인 만큼, 수험생들은 수신료 문제에 대해 철저히 공부를 하는 것이 중요하다. 이번 수신료 인상안에 대한 KBS 이사회의 결의 이전, KBS는 수신료 인상안에 대한 공론조사를 진행했다. 또한 KBS는 한국리서치의 공론조사 조사 결과를 원문과 함께 보도자료를 통해 소개했다. 지원자라면 조사결과 원문은 홈페이지에서 다운받아 공부해 보는 것이 필요하다.

이번 공론조사에서는 조항제 부산대 교수를 위원장으로 한 공적책무와 수신료공론화위원회가 국민참여단 209명을 대상으로 실시한 설문조사와 숙의토론을 진행해 연구를 진행했다. 그 결과, 79.9%가 수신료 인상에 찬성을 했다는 결과가 나왔다. 적정한 인상금액에 대한 조사에서는 평균 3,830원이 나왔다고 한다.

물론 반대도 적지는 않다. 야당에서는 KBS의 편향성을 이유로 반대를 한다. 또한 KBS의 역할에 불만을 표시하는 시청자들의 입장도 있다. 하지만 그렇다고 해서 공영방송의 역할 그 자체를 부정할 수는 없다. 그렇다면 찬반 입장을 분석한 수험생 본인의 답안은 어떤 방향이 될 것인가? 이에 대한 수험생 개개인의 입장을 정리할 수 있어야 하겠다. 어떤 수험 단계에서든 나올 가능성이 농후한 주제다.

관련 개념으로 영국의 피코크위원회에 대해서도 알아둘 필요가 있겠다. 마거릿 대처 전 영국 총리가 BBC의 수신료 폐지와 광고 허용을 논의하고자 1985년 구성한 위원회다. 하지만 이 위원회는 오히려 수신료를 유지해야 한다는 결과를 내놨고 대처는 이를 받아들였다. 이 외에도 사이크스위원회(1923), 비버리지위원회(1949), 아난위원회(1977) 등이 영국에 있었다.

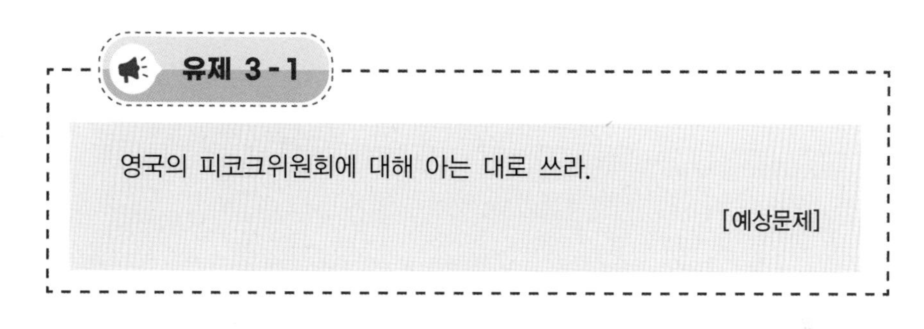

유제 3 - 1

영국의 피코크위원회에 대해 아는 대로 쓰라.

[예상문제]

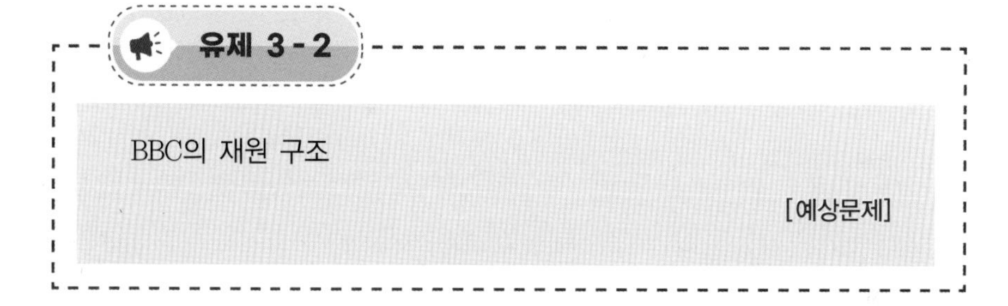

유제 3 - 2

BBC의 재원 구조

[예상문제]

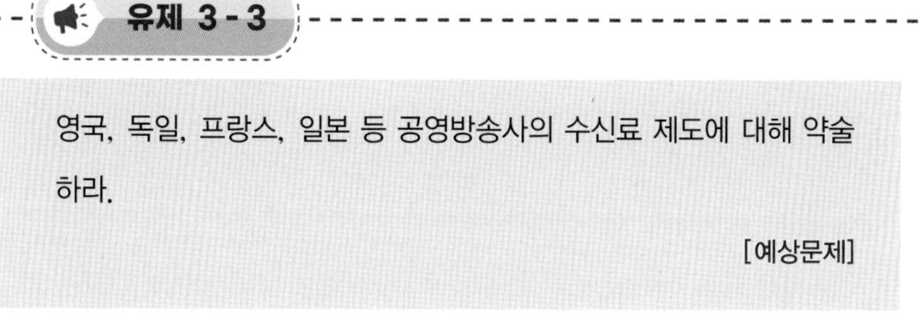

유제 3 - 3

영국, 독일, 프랑스, 일본 등 공영방송사의 수신료 제도에 대해 약술하라.

[예상문제]

지상파 중간광고

[예상문제]

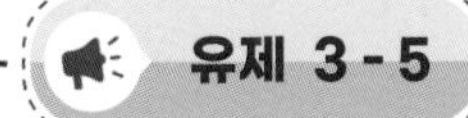

KBS의 주요 다큐멘터리

[예상문제]

참고문헌

- 99년 통합방송법 '5년 논쟁'… 이번엔 석달간 토론회 한번. 한겨레 권귀순 기자. 2009-02-27
- 방통위원장 "올해 안에 반드시 수신료현실화 이뤄져야". KBS 김대홍 기자. 2015-05-29
- 신용섭 EBS 사장 "수신료 비중 3% 불과… 15%로 올려야". 전자신문 윤희석 기자. 2015-06-02
- KBS '몬스터유니온'은 외주 시장 괴물이 될 것인가. 아주경제 김아름 기자. 2016-08-02
- 법제처 국가법령정보센터 홈페이지
- 2021 KBS 공론조사 : 국민께 듣는 공적책임과 의무 참여단 설문조사 결과. KBS 보도자료. 2021-05-28
- KBS 내부서도 "낙관 않는다"는 수신료 52% 인상. 기자협회보 김고은 기자. 2021-07-06

문제 4

배리어 프리(Barrier Free)

[2015 KBS 기자]

답안

장애인 · 노인 등 몸이 불편한 사람들이 일상생활에서 불편함이 없도록, 각종 장벽을 없애자는 뜻으로 시작된 사회 운동이다. 1974년 유엔 장애인 생활환경 전문가 회의에서 나온 '장벽 없는 건축 설계(Barrier Free Design)'라는 말에서 유래한 말이다. 최초의 의미인 "장애인이 불편함이 없도록 건축물에 문턱을 없애야 한다"는 말에서 파생돼, 신문이나 방송, 영화 등 매스미디어의 정보전달 과정에서 각종 장벽을 없애자는 개념으로 확대됐다.

대표적인 예가 '배리어 프리 영화' 운동이다. 기존의 영화 콘텐츠에 자막이나 수화, 화면 해설과 같은 장치를 병기해, 시 · 청각 장애인이나 노인, 다문화가정 등이 불편함 없이 볼 수 있도록 가공하는 것이다. 2012년부터 정부에서 한 편당 2,000만 원씩을 지원해 배리어 프리 영화 운동을 진흥하고 있다. 전국 60여 개 영화관에서 배리어 프리 영화가 상영되고 있으며, 좌석 점유율은 30% 선이다.

최근에는 배리어 프리 무빙시어터 운동까지 진행되고 있다. 한 자동차 동호회가 장애인들이 불편함 없이 영화를 볼 수 있도록 '찾아가는 영화관' 서비스를 하는 봉사활동이다. 영화 속 장벽을 없앤 '배리어 프리'와 움직이고 찾아가는 영화관 '무빙시어터'를 합친 개념으로, 시각 장애인 · 청각 장애인 · 노인 등은 물론 남녀노소 누구나 동등하게 영화를 볼 수 있는 환경을 추구한다.

해설

배리어 프리 운동이 가장 활발한 곳으로는 영화계가 꼽힌다. 배리어 프리 영화위원회에서 진행하는 서울 배리어 프리 영화제가 대표적인 행사다. 배우 정겨운, 김정은, 배수빈 등이 홍보대사로 활동한 것은 물론, 유명 감독들도 참여가 활발하다.

개봉 직후 곧바로 배리어 프리로 방영되는 경우가 많다. 〈동주〉, 〈내부자들〉 등 인기 한국 영화는 2016년 4월 케이블 TV의 VOD 서비스로 전국에 방영됐다. 이는 영화진흥위원회가 진행하는 '장애인 영화관람환경 확대를 위한 한글자막 및 화면해설영화 제작사업'으로 추진됐다. 2015년 〈미쓰 와이프〉 등 총 11편의 한국 영화를 배리어 프리로 제작했으며, 전국 메가박스에서 '메가박스 공감데이' 행사로 상영됐던 작품들이다.

방송 분야에서는 아직 초기 단계지만 배리어 프리 자막방송에 대한 연구와 제작, 논의가 활발하게 진행되고 있다. 한국농아인협회와 동국대 등에서 진행하고 있다. 청각 장애인들도 방송을 즐기고, 또 정보습득에 불편함이 없는 차별 없는 방송 환경을 만들어야 한다는 취지다.

아나운서 지망생이라면 〈어둠 속의 콘서트〉 같은 KBS 프로그램에 대해서 알아두는 것도 좋다. KBS 3라디오에서 진행한 콘서트로 어둠 속 공간에서 콘서트를 진행한 이채로운 행사다. KBS 3라디오는 국내 유일의 지상파 라디오 복지전문 채널이다. 이금희 아나운서(전 KBS 아나운서)가 진행했고 유열, 서영은, 이동우, 송소희 등이 출연했다.

퍼블릭 액세스에 대해서도 알아둘 필요가 있다. 부산시청자미디어센터 홈페이지 내 정의에 따르면, 퍼블릭 액세스는 일반인이 매스미디어의 지면이나 시간을 요구해 이용하고, 시민이 민주적 여론 형성 과정에 참여하는 것을 말한다. 전국 단위 방영 프로그램으로는 KBS 〈열린채널〉이 대표적이다. 매월 100분 이상 방영하는 시청자 참여 프로그램이다. 방송법 제69조 7항 및 방송법 시행령 제51조에 따라, KBS는 매월 100분 이상의 텔레비전 방송 프로그램을 시청자가 직접 제작한 시청자 참여 프로그램으로 편성하여야 한다. 퍼블릭 액세스 전문 방송인 RTV 시민방송도 있다. 그 외에도 부산MBC의 〈라디오시민세상〉 등의 프로그램이 유명하다.

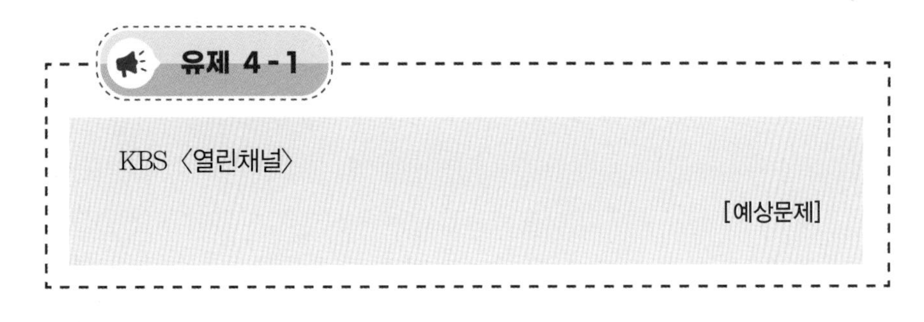

퍼블릭 액세스(Public Access) 프로그램과 옴부즈맨(Ombudsman) 프로그램의 공통점과 차이점을 설명하라.

[2010 KBS 변형]

〈대한민국 1교시〉 – 대화가 필요해

[예상문제]

유제 4 - 5

KBS 3라디오

[예상문제]

시청자미디어재단

[예상문제]

참고문헌

- 배리어 프리 영화 안방 찾는다… 동주 · 내부자들 외 9편 VOD서비스. 헤럴드경제 이세진 기자. 2016-04-29
- [TV특종] '배리어 프리~ 영화제'를 아시나요. KBS 박재환 기자. 2015-11-20
- KBS 3라디오, 장애인의 날 특집 공개 방송 '어둠 속의 콘서트'. 스포츠투데이 장민혜 기자. 2016-04-14
- HMC-봉사단 홈페이지
- 부산시청자미디어센터 홈페이지

문제 5

위치기반 서비스에 대해 알기 쉽게 설명하라.

[2015 SBS 방송기술 변형]

답안

위성위치확인시스템(GPS)이나 이동통신사업자의 기지국, 와이파이 등의 신호를 활용해 위치에 기반한 각종 정보를 제공하는 서비스를 통칭한다. 영문 약자로 LBS(Location Based Service)라고 불린다. 소비자들이 스마트폰의 지도정보와 연동해 미용실이나 카페 등의 생활정보를 찾아보는 것에서 시작해 긴급재난 상황 발생 시 위치추적, 재난방지, 긴급구호, 공공안전 등의 활동을 할 수 있다. 하지만 이용자의 위치정보와 해당 위치에서 스마트폰을 통한 사생활을 영위하는 것이 노출될 수 있다는 점에서 사생활 침해나 오남용, 해킹 등으로 인한 위험 이슈는 꾸준히 제기되고 있다.

해설

이제는 위치기반서비스가 일상으로 완전히 들어왔다. 대표적인 예가 흔히 사용하는 중고거래 애플리케이션 당근마켓이다. 이용자 주변 반경 7~10km 이내에 판매자만 표시된다. 당근마켓은 또한 핸드폰 번호 등 사생활 정보가 유출되는 것을 막고 앱을 통해서만 연락을 하게 했다는 특징도 있다. 또 우버나 리프트 같은 차량운송서비스는 물론이고 배달의 민족 등 다양한 분야에서 위치기반서비스는 운영되고 있다.

하지만 위치정보서비스 하면 구글 맵 관련 논란을 빼놓을 수 없다. 구글 맵의 한국 서비스 논란은 몇 년째 현재진행형이다. 앞서 구글은 구글 맵 제작을 위해 한국 정부에 지도데이터의 국외 반출을 승인해 달라고 요구했지만 한국 정부는 이를 불허했다. 군부대 등 안보 시설의 정보가 노출될 수 있다는 등의 이유가 있다.

최근 들어 코로나 사태로 구글 측이 전세계 구글 맵에 각국별 확진자 수를 입힌 서비스를 했지만 한국은 제외됐다. 이에 대해 구글코리아는 "한국 전체 확진자 수는 구글 맵에 공개되지만, 한국이 정부 차원에서 구글에 지도데이터 반출을 허용하지 않고 있어 시도별 통계나 코로나19 관련 정보는 서비스되지 않는다"고 설명했다고 동아사이언스는 보도했다.

미디어 분야에서 위치기반서비스라 하면 '지역언론의 위치기반 포털 노출' 논점을 빼놓을 수 없다. 지역언론에 지원하고자 하는 수험생들은 이를 꼭 찾아서 정리해 두도록 하자.

유제 5-1

사용자 위치기반 포털 뉴스 서비스를 요구하는 지역언론계의 입장에 대해 약술하라.

[예상문제]

구글 맵의 한국 서비스 논란에 대해 약술하라.

[예상문제]

네이버 뉴스 제공사 중 CP(콘텐츠제휴)사로 있는 지역언론은 무엇이 있는지 아는 대로 쓰라.

[예상문제]

GPS 교란

[예상문제]

웨어러블(Wearable) 기기

[예상문제]

참고문헌

- 포켓몬고 열풍… 하이닉스 등 'AR · VR 테마' 6인방 주목. 뉴스1 박병우 기자. 2016-08-24
- [송승선의 호모 옴니쿠스] 나는 네가 어디에 있는지 알고 있다 '위치기반 서비스'. 이코노믹리뷰 송승선 옴니채널 연구가. 2016-08-12
- '구글 지도데이터 반출' 해야 하나. 주간경향 송진식(경향신문 산업부) 기자. 2016-08-24
- "혹시, 당근이세요?"… 누구나 쉽게 시작하는 당근마켓 거래 방법. 동아닷컴 남시현 기자. 2021-06-10
- 구글 맵 코로나19 환자수 정보 제공 시작… 한국 지도 반출 불가로 제외. 동아사이언스 이현경 기자. 2020-09-24
- 국경 무너지는 디지털 통상… '개방', '폐쇄' 기로에 선 한국. 국민일보 이종선 기자. 2019-11-02

문제 6

원소스 멀티유스(One Source Multi Use)에 대해 예를 들어 설명하라.

[2015 KBS 예능PD 변형]

답안

하나의 콘텐츠(One Source) 원작을 다양한 장르나 분야에서 활용(Multi Use)하는 것을 뜻하는 말이다. 웹툰으로 드라마를 만든 〈미생〉이나, 소설을 바탕으로 영화화한 〈열정 같은 소리하고 있네〉 등이 원소스 멀티유스의 예라 할 수 있다. 웹툰이나 드라마 등의 콘텐츠를 바탕으로 캐릭터 상품이나 '굿즈(Goods)'를 만드는 것도 원소스 멀티유스의 범주에 포함된다.

원소스 멀티유스는 흔히 창구 효과(Window Effect)와 비교되기도 한다. 영화 같은 특정 장르의 콘텐츠를 TV판이나 한정 DVD 등으로 재제작해서 유통하는 경우가 많았다. 하지만 창구 효과는 하나의 콘텐츠를 놓고 유통경로를 다양화하는 것으로, 한 콘텐츠를 아예 다른 형태나 장르로 재제작하는 원소스 멀티유스와는 차이가 있다.

해설

드라마나 예능PD 직군에서는 중요한 이슈다. 돈과 직결되는 이슈이기 때문이다. 실제로 많은 원작이 다른 장르로 재탄생하고 있다. tvN 드라마 〈미생〉만 하더라도 웹툰에서 드라마로 제작돼 많은 수익을 낸 대표적인 케이스다.

요즘 애니메이션 업계에서는 아예 관련 캐릭터 상품과 동시에 TV 방영이 시작되는 경우가 적지 않다. 2015년을 강타한 〈터닝메카드〉가 대표적인 예다. 〈터닝메카드〉는 애니메이션 제작 단계부터 최신규 손오공 회장이 기획을 하고 들어간 작품이다. 손오공의 또 다른 여아용 애니메이션 〈소피루비〉 역시 마찬가지로 캐릭터 상품과 방송이 함께 론칭했다.

하지만 뉴스 업계에서 원소스 멀티유스는 아직도 요원하다. 당초 통합 뉴스룸을 필두로 한 원소스 멀티유스는 한 곳의 소스로 뉴스를 만들어 놓으면, 이를 바탕으로 신문이나 방송, 인터넷 등의 뉴스를 만들 수 있다는 개념이었다. 하지만 신문과 방송의 메커니즘이 다르고, 인터넷 뉴스의 언어가 올드미디어와는 달라 난항을 겪고 있다. 이는 늘 나오는 논술 주제이기도 하다. 관련된 개념에 대한 정리와 함께 생각해 볼 수 있는 미디어 글쓰기를 고민하는 것이 현명하겠다.

지금은 기본이 된 개념이지만 'N스크린' 같은 핵심 개념을 모르는 수험생은 관련 신문 기사나 서적을 참고하라.

유제 6-1

N스크린

[2012 KBS]

유제 6-2

지적재산권

[예상문제]

유제 6-3

캐릭터 상품

[예상문제]

유제 6-4

멀티 플랫폼(Multi Platform)

[예상문제]

유제 6-5

창구 효과

[2010 KBS]

참고문헌

- [수도권] '원소스 멀티유스' 새 콘텐츠로 뜬다. 동아일보 이성호 기자. 2009-11-06
- "원소스 멀티유스로 PP위기 돌파". 디지털타임스 김유정 기자. 2012-03-01

문제 7

언론중재위원회의 설립 목적과 구성에 대해 설명하라.

[2015 KBS 기자 변형]

답안

언론중재위원회는 정기간행물의 등록 등에 관한 법률에 근거해 설립된 기관이다. 언론의 보도에 대해 피해를 입은 사람 누구나 언론사를 언론중재위원회에 제소할 수 있다. 언론중재위원회 조정에 따른 합의는 재판 절차에 따른 화해와 같은 효력을, 중재부가 내린 중재결정은 확정판결과 같은 효력이 있다. 하지만 피해를 입은 개인이나 기업, 기관 등이 언론중재와 별도로 민형사상 소송을 제기할 수도 있다. 언론중재위원회는 2016년 8월 기준 18개 중재부 총 90명의 언론중재위원이 있으며, 각 중재부의 부장은 해당 지역 현직 부장판사가 맡고 있다.

해설

미디어 환경이 변하면서 언론중재의 중요성은 더욱 커지고 있다. 이미 언론중재의 영역은 올드미디어를 넘어선지 오래다. 언론사닷컴, 포털 뉴스, 소셜미디어, IPTV 등으로 확대됐다. 언론중재 건수도 늘어났다. 미디어오늘 보도에 따르면, 언론중재위 조정신청건수는 2010년 이후 매년 10%가량 증가했다. 2011년에 2,124건인 것이 2020년 말 기준으로 3,924건으로 늘어났다. 하지만 유튜브는 언론이 아니라 언론중재의 대상이 아니다. 민사소송으로 구제를 받는 것 외에는 방법이 없다.

게다가 2021년 정치권에서는 언론에 대한 징벌적 손해배상제에 대한 논의가 활발하다. 언론계의 목소리가 얼마나 반영되는지는 알 수 없지만, 언론에 대한 제약이 될 것이라는 점은 확실하다. 이에 대해 면접이나 약술 등의 질문에서 어떻게 대처할 수 있을지 본인의 답안을 준비해야 하겠다. 물론 이 과정에서 언론 스스로가 보도 과정에서 책임감을 좀 더 가질 수 있다는 순기능이 있기는 할 것이다.

언론중재와 더불어 방송통신심의에 대해서도 지식과 소양을 정리해 둘 필요가 있다. 특히 최근 라이브 커머스가 확대되면서, 이와 관련한 방송통신심의 제반 규정에 대해서도 공부해 두기를 권한다. 또한 홈쇼핑 채널을 지망하는 학생들은 재승인 또는 제재 규정에 대해서도 알아두어야 하겠다.

또한 자율심의라는 개념과 체계도 알아두는 것이 좋다. 인터넷신문위원회가 인터넷신문 분야 기사 및 광고 분야의 자율심의기구로서 역할을 하고 있다. 종이신문에서는 한국신문윤리위원회가 같은 기능을 수행하고 있다. 방송을 대상으로는 한국방송협회에서 방송광고 자율심의를 시행하고 있다.

언론중재의 절차에 대해 아는 대로 쓰라.

[예상문제]

유제 7-2

종편 재승인 심사 기준에 대해 아는 대로 쓰라.

[예상문제]

유제 7-3

반론보도닷컴

[예상문제]

유제 7-4

정정보도와 반론보도, 추후보도의 차이점을 쓰라.

[2017 KBS 변형]

참고문헌

- 언론중재위 23~24일 '사이버 공론장에서의 혐오와 모욕 표현' 주제 세미나. 전자신문 방은주 기자. 2016-08-19
- 〈마리텔〉 제재한 방심위, 9명 중 8명이 60대. 오마이뉴스 정민영 변호사. 2016-06-04
- 대선 앞둔 종편 재승인 심사, 또 봐주기 안되려면…. 한겨레 문현숙 선임기자. 2016-08-18
- "잘못된 유튜브 보도 피해 언론중재위에서 해결해야", 미디어오늘 정철운 기자. 2021-03-24

문제 8

취재원 비닉권

[2015 KBS 기자]

답안

취재원을 보호하는 권리다. 취재원 묵비권이라고도 불린다. 미국에서 대표적으로 지켜지는 권리다. 미국은 건국 초기인 1896년 메릴랜드주의 방패법(Shield Law)에서 유래한다. 미국에서는 35개 주(한겨레신문 기사 기준, 위키백과에서는 50개 주 대부분으로 기술)에서 방패법 또는 취재원 비닉권과 관련한 법적 장치가 정비돼 있다.

한국에서는 1980년 제정된 언론기본법에서 취재원 보호를 위한 진술거부권이 명문화돼 있었지만, 1987년 언론기본법이 폐지되면서 현재는 관련 규정이 없는 상태다. 지난 2015년 새정치연합 배재정 의원이 취재원보호법을 발의했지만 본회의를 통과하지는 못했다.

해설

취재원 비닉권은 매년 출제 가능성이 있다고 봐도 과언이 아닌 문제다. 이와 관련한 약술이나 논술, 면접 문제는 늘 나올 가능성이 있다. 특정 상황을 가정하고 롤플레이처럼 면접을 진행할 수도 있으니 대비해야 한다.

결이 다를 수 있지만 2021년에도 이규원 검사가 페이스북에 올린 글로 '취재원' 문제를 두고 관심이 모였다. 중앙일보 기사에 따르면, 이규원 검사는 2021년 5월 페이스북에 글을 올리고, 2019년 10월 11일 한겨레신문이 보도한 윤석열 전 검찰총장의 별장 접대 의혹 보도에 대한 취재원은 자신이 아니라고 강조했다. 당시 글에서 이 검사는 "귀하의 계정에 제가 취재원인지 여부를 밝혀달라"고 요청하며 자신이 해당 취재원이 아니라고 강조했다. 한겨레신문은 2020년 5월 22일 1면에 실은 사과문을 통해 해당 기사가 '정확하지 않은 보도'라면서 독자와 윤석열 당시 총장에게 사과했다.

취재원 비닉권과 함께 사실적시에 의한 명예훼손 개념도 알아둘 필요가 있다. 형법 제307조제1항에 따르면, 언론이 사실을 적시하더라도 명예훼손죄로 처벌받을 수 있다. 처벌을 면하기 위해서는 '행위가 진실한 사실로서 오로지 공공의 이익에 관한 때'여야 하는데, 이를 위해서는 재판에서 판사가 판결해야 한다.

유제 8-1

취재기자의 덕목 TUFF(Truthful, Unbiased, Full, Fair)에 대해 설명하라.

[2013 KBS 지역저널리스트]

유제 8-2

가십과 루머의 차이는?

[2013 EBS 변형]

유제 8-3

언론중재 및 피해구제 등에 관한 법률상 반론보도청구 요건(주체, 기간)

[2013 EBS 변형]

유제 8 - 4

보도의 명예훼손 위법성 조각 요건

[예상문제]

유제 8 - 5

이익교량(利益較量)의 원칙을 예를 들어 약술하라.

[2015 KBS 예능드라마PD 변형]

참고문헌

- 언론자유 흔드는 검찰의 본보 압수수색 시도. 동아일보 사설. 2007-07-29
- 정윤회 문건 보도… '취재원 보호법 제정' 화두로. 한겨레신문 이정국 기자. 2014-12-22
- [기자수첩] 취재원 보호가 보장되는 국가. 메트로신문 김서이 기자. 2015-06-14
- 위키피디아 영문판 'Shield laws in the United States'
- 연일 장외변론 이규원 "한겨레 尹 오보 취재원, 내가 아니다.". 중앙일보 강광우 기자. 2021-05-20

문제 9

네이버의 뉴스 제휴 단계에 대해 설명하라.

[예상문제]

답안

네이버의 뉴스 제휴는 콘텐츠제휴(CP), 뉴스스탠드, 검색제휴 등 3단계로 나뉜다. 콘텐츠제휴는 네이버에 인링크(네이버 내에서 기사를 볼 수 있는 방식)로 뉴스를 공급하고, 이와 관련한 수익을 언론사에 배분하는 방식을 말한다. CP사의 경우 네이버 앱에서 언론사 채널과 언론사 홈 등을 배정받을 수 있다. 또한 네이버 모바일 뉴스 검색 화면에서 CP사의 뉴스를 클릭하면 네이버 자체 인링크로 빠르게 서비스돼 이용자의 편의성이 높다. 뉴스스탠드는 PC용 화면에 신문가판대처럼 생긴 뉴스스탠드 한 곳을 배정받는 서비스다. 이를 클릭하면 언론사닷컴 자체 사이트로 이동하며, 해당 페이지뷰(PV)를 언론사가 얻을 수 있다. 검색제휴는 가장 낮은 단계의 뉴스제휴다. 키워드를 네이버 검색창에 검색했을 때, 키워드가 담긴 기사가 네이버 뉴스탭에 검색된다. 이를 클릭하면 해당 언론사로 이동하게 된다.

해설

이번 문제는 네이버 카카오의 뉴스 생태계에 대해 수험생 스스로 공부를 하라는 취지에서 만들었다. 오늘날 뉴스 환경은 네이버에서 시작해 카카오로 끝난다고 해도 과언이 아니다. 굳이 각종 연구 환경에서 집계한 바를 언급하지 않아도, 주변만 보더라도 네이버에서 뉴스를 보는 사람이 태반이다. 카카오톡을 통해서 뉴스 링크를 돌리거나, 카카오톡 앱 내에 있는 콘텐츠창 또는 다음을 통해서 접속하는 사람도 적지 않다. 정작 언론사 자체 홈페이지에 접속해서 뉴스를 보는 사람은 별로 없다.

종이신문이나 본방 사수의 영역으로 들어가면 뉴스를 보는 사람은 더욱 줄어든다. 뉴스가 뉴스 자체의 시청률보다는 편성의 영역으로 들어와 앞뒤에 어떤 드라마나 예능을 편성했느냐에 따라 시청률이 달라질 수도 있는 세상이다. 종이신문은 또 어떤가? 부수는 점차 줄어들고 있고 인터넷 시대에 하릴 없이 영향력이 줄어드는 것도 엄연한 현실이다.

이런 상황에서 포털 환경에 대해 알고 대비하는 것은 현업 언론인으로서 또 언론인이 되려는 수험생의 입장에서 꼭 필요한 공부가 아닐 수 없다. 또한 최근 들어 정치권에서 포털 뉴스를 흔들기 위해 제기하고 있는 각종 논의 및 논란에 대해서도 비판적으로 팩트와 논거를 정리하는 습관이 필요하다. PD 지망생들의 입장에서도 유튜브와 더불어 포털 환경에 대해 이해를 깊게 하는 것은 꼭 필요한 일이라 사료된다.

이와 함께 한국언론진흥재단 등에서 매년 발간하는 보고서나 단행본을 통해 뉴스 소비자의 채널별 이용 행태에 대해서도 최신 정보를 파악해 두기를 바란다. 포털 관련 분석 기사는 기자협회보 김달아 기자의 기사를 정독하라.

그러나 기사 플랫폼을 제공하는 페이스북의 언론 장악력 확대에 활용된다거나, 인스턴트 아티클에 들어가기 위한 언론사 간 경쟁이 격화될 것이라는 지적도 있다. 경쟁사 구글의 뉴스 서비스인 '가속된 모바일 페이지(AMP)'의 성장도 앞으로 지켜봐야 할 변수다.

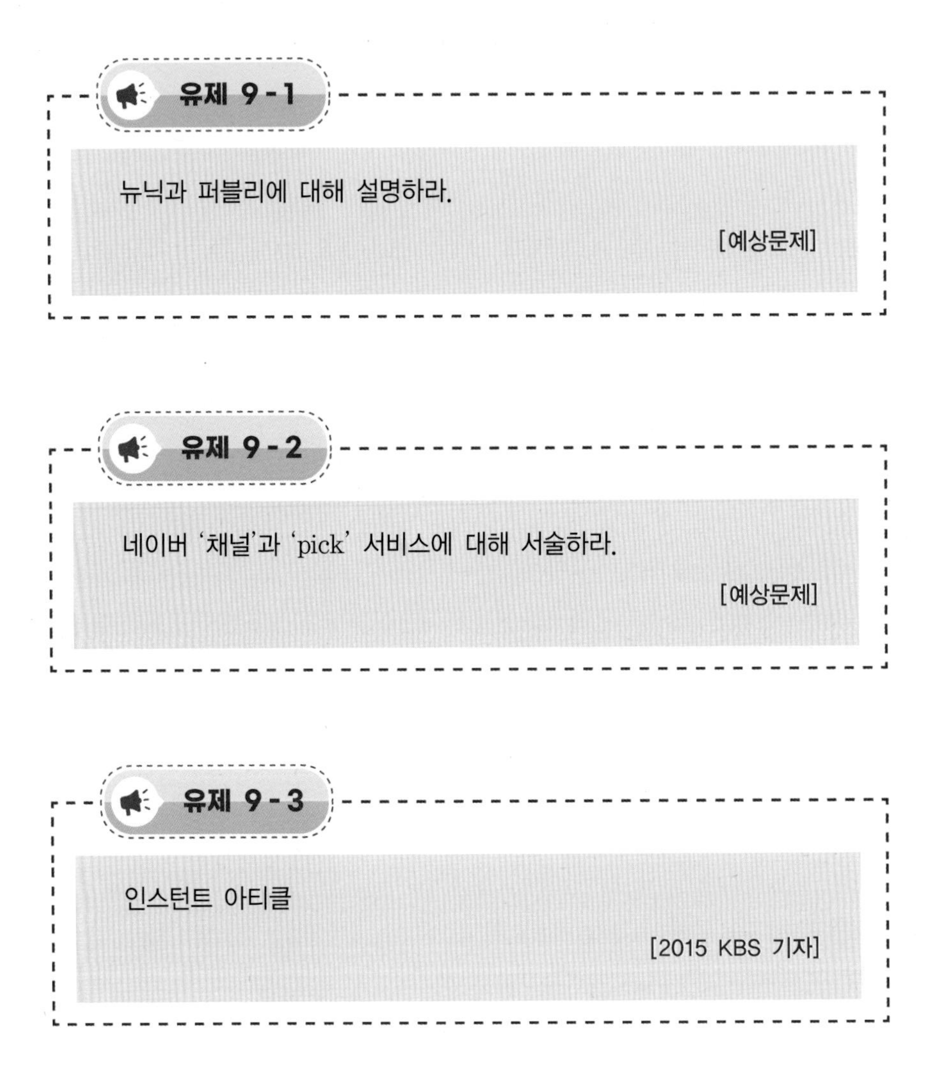

유제 9-1

뉴닉과 퍼블리에 대해 설명하라.

[예상문제]

유제 9-2

네이버 '채널'과 'pick' 서비스에 대해 서술하라.

[예상문제]

유제 9-3

인스턴트 아티클

[2015 KBS 기자]

가속된 모바일 페이지(AMP)

[예상문제]

유제 9-5

버티컬 서비스(Vertical Services)

[예상문제]

유제 9-6

다음 뉴스의 첫 화면 언론사 제외 기능에 대해 아는 대로 서술하라.

[예상문제]

유제 9 - 7

지역신문발전지원특별법

[예상문제]

참고문헌

- 페북 인스턴트 아티클 유혹에 언론사들 '시큰둥'. 미디어오늘 차현아 · 정상근 기자. 2016-05-12
- 뉴스제휴평가위 3월부터 활동 개시. 뉴시스 장윤희 기자. 2016-02-29

문제 10

빈지뷰잉(Binge-viewing)에 대해 예를 들어 설명하라.

[2015 KBS 기자 변형]

답안

폭식이라는 뜻의 '빈지(Binge)'와 시청이라는 뜻의 '뷰잉(Viewing)'이 합쳐진 합성어로 한글로는 '폭식시청'이라고 부르기도 한다. 같은 뜻의 단어로 빈지워칭(Binge-watching)이나 마라톤뷰잉(Marathon-viewing)이라는 말도 있다. 드라마나 예능 프로그램을 한 번에 몰아서 보는 시청자의 행태를 뜻한다. 방송가에서는 넷플릭스의 오리지널 시리즈 '하우스 오브 카드' 같은 프로그램들을 몰아서 보는 시청자들이 주목을 받아왔다. 빈지뷰잉 경향으로 주문형 오디오(VOD) 시장도 성장하고 있다. 지디넷코리아 보도에 따르면, 2015년 VOD 시장 규모는 6,508억 원으로 2011년 1,948억 원에 비해 3배 넘게 커졌다. 하지만 영상 콘텐츠를 많이 소비하는 10~30대가 TV 시청을 줄이는 경향은 앞으로 주어진 과제다.

안심Touch

해설

넷플릭스를 겨냥한 문제고 앞으로도 중요한 이슈다. 빈지뷰잉은 넷플릭스의 한국 진출이 가시화되기 이전부터 화제였다. 본방사수와 대칭점에 있는 시청 행태다. 아이뉴스24와의 인터뷰에서 테드 사란도스 넷플릭스 최고콘텐츠책임자(CCO)는 "시청자들은 기다리는 것을 싫어한다"는 말을 했다. 또한, 이를 책 읽는 것으로 빗댔다. 오늘 3챕터를 읽고 나머지를 나중에 읽는 것을 예로 들었다. 책을 한 챕터씩 읽어야 한다면 싫듯이, TV도 마찬가지라는 이야기다. 아이뉴스24는 LG유플러스가 인기 미국 드라마 '왕좌의 게임' 시청 행태를 분석한 결과 시즌 1~4까지 총 40편을 보는 데 평균 13일이 걸리는 것으로 나타났다고 보도했다.

빈지뷰잉은 앞으로도 꾸준히 중요한 방송학 이슈가 될 것이다. 이미 VOD가 유료방송 시장의 주요 수익원으로 부상한데다, 아직까지 성장 여력이 많이 남아 있기 때문이다.

'오리지널'이라는 측면에서는 멀티채널네트워크(MCN)에 대해서 알아둘 필요가 있다. 업계의 권위자인 조영신 SK경제경영연구소 박사의 각종 칼럼을 읽어두는 것을 권한다. PD지망생이라면 MBC 〈마이리틀텔레비전〉을 넘어서는 MCN 접목 TV 포맷에 대한 고민도 필요하겠다.

약간은 별개의 이야기일 수 있지만, 2011년 KBS에서 출제된 텔레노벨라에 대해서도 언급해 두겠다. 텔레노벨라는 쉽게 말해 브라질 연속극 정도로 보면 된다. 원어에 충실하게 번역하면 텔레비전의 '텔레'와 소설의 '노벨라'를 합친 말이니 '텔레비전 소설'이라고 할 수도 있겠다. 중앙일보에 따르면, '상류층의 사랑과 불륜, 음모와 배신을 버무린 통속극'이 주된 내용이다. 한겨레에 따르면, 1990년대 인기를 끌었던 '천사들의 합창'이 국내에 최초로 소개된 텔레노벨라로 꼽힌다고 한다.

유제 10 - 1

최근 인기를 끌고 있는 넷플릭스 작품에 대해 아는 대로 쓰라.

[예상문제]

유제 10 - 2

멀티채널네트워크(MCN)의 특징과 주요 크리에이터에 대해 아는 대로 쓰라.

[2016 SBS 변형]

유제 10 - 3

클럽하우스가 기존의 방송이나 유튜브, 소셜미디어와 다른 점은 무엇인가?

[예상문제]

유제 10 - 4

유튜버 허팝의 인기 비결에 대해 논하라.

[예상문제]

유제 10 - 5

영화 '미나리'가 받은 상에 대해 아는 대로 쓰라.

[예상문제]

유제 10 - 6

텔레노벨라(Telenovela)에 대해 쉽게 설명해 보라.

[2011 KBS 변형]

유제 10 - 7

북미 3대 TV 페스티벌에 대해 약술하라.

[2012 KBS 변형]

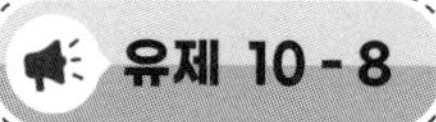

유제 10 - 8

에미상 · 토니상 · 아카데미상 · 골든글로브상 · 그래미상을 예술 장르 별로 분류해 약술하라.

[예상문제]

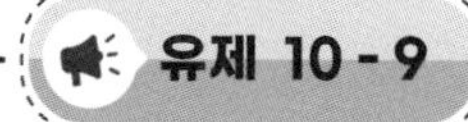

유제 10 - 9

세계 3대 광고제에 대해 간단히 쓰라.

[예상문제]

참고문헌

- 넷플릭스 "시청자는 기다리는 것 싫어한다". 아이뉴스24 성상훈기자. 2016-07-04
- 방송 VOD 도입 10년… 어떻게 바뀌었나. 지디넷코리아 임유경 기자. 2016-08-04
- [분수대] 쿠바, 이민호, 애니깽. 중앙일보 박정호 문화전문기자 · 논설위원. 2016-04-07
- 브라질 다룬 애니메이션들… 올림픽 말고도 브라질은 깊다. 한겨레 이유진 기자. 2016-08-08

문제 11

린백(Lean Back)과 린포워드(Lean Forward)의 차이에 대해 약술하라.

[2015 KBS 기자 변형]

답안

소파에 몸을 뒤로 기대서 편하게 보는 시청 행태를 린백(Lean Back), 화면 방향으로 고개를 내밀어 시청하는 행태를 린포워드(Lean Forward)라고 한다. 흔히 드라마에 대해서는 린백, 영화에 대해서는 린포워드라는 분류를 많이 썼다. 무료가 많은 TV 드라마와는 달리 돈을 내고 티켓을 구매하는 영화에서는 좀 더 능동적으로 더 얻어가려는 시청자의 의지가 있다는 이야기다. 이 때문에 TV 드라마와 영화는 플롯이나 장르 선택, 캐릭터 구성 등이 다르다. 최근에는 인터넷 TV(IPTV)나 주문형 비디오(VOD), 실시간채널 등이 린포워드형 미디어로 꼽히고 있다.

해설

린백과 린포워드는 꽤 오래된 미디어 용어인데 최근 기술의 발전으로 몇 년 사이에 다시 회자되고 있다. 린포워드 미디어는 쉽게 말해, 화면으로 몸을 빼고 시청할 정도로 능동적인 시청습관을 일으키는 미디어를 말한다. '내가 골라서 보는 것'이라고 설명해도 될 것이다. 대표적인 린포워드 매체의 예시로는 '티빙'이 꼽힌다. 티빙은 PC나 스마트폰 등을 통해 원하는 영상 콘텐츠를 언제, 어디서나, 어떤 디바이스로든 볼 수 있다는 개념의 서비스다. PC로 보던 영상을 스마트폰으로 볼 수 있고, 모니터나 TV에 티빙스틱을 꽂아서 볼 수도 있다.

연예계에서는 '뻔한 드라마'를 설명하는 프레임으로도 많이 쓰인다. 헤럴드경제 기사에 따르면, TV 드라마에 늘 나올 법한 전형적인 캐릭터는 꼭 나오는 이유가 있다. 박상주 드라마제작사협회 국장은 헤럴드경제와의 인터뷰에서 "TV는 남녀노소가 둘러앉아 편하게 보는 매체이기 때문에 캐릭터나 소재가 조금이라도 평범한 수준을 벗어나면 시청자들이 불편함을 느끼게 된다"고 한다.

모바일 콘텐츠에 대해서는 린포워드와 린백의 속성이 둘 다 있다는 분석도 있다. 지디넷 기사에 따르면, 로이터 저널리즘연구소의 닉 뉴먼 연구원은 모바일 수용자들이 린포워드와 린백의 속성이 둘 다 있다고 주장했다. 스마트폰으로는 간략한 정보를 선호(린백)하지만, 잠자리에 들기 전 태블릿PC 등을 통해서는 깊이 있는 콘텐츠를 찾는다(린포워드)는 이야기다.

초고선명(UHD) TV에 대해서도 린백-린포워드 이론으로 설명하는 방식도 있다. 수험을 위해 공부해 두자. 참고문헌에 있는 기사를 찾아보기 바란다.

UHD TV는 린백 미디어인가? 린포워드 미디어인가?

[예상문제]

유제 11 - 2

미라캐스트(Miracast)

[예상문제]

유제 11 - 3

유스트림(Ustream)

[예상문제]

유제 11 - 4

불쾌한 골짜기(Uncanny Valley) 이론

[예상문제]

사용자 조정능력(User Controllability)

[예상문제]

참고문헌

- "너무 선명해도 불편" UHD TV가 넘어야 할 3D TV 실패의 교훈. 한국일보 신동희 성균관대 교수. 2016-08-29
- 또 너니? 없으면 아쉽고, 또 보자니 뻔한 캐릭터. 헤럴드경제 고승희 기자. 2016-09-06
- 손 안의 TV에선 '린포워드' 시청이 대세. 지디넷코리아 전하나 기자. 2013-05-17
- "TV 골라본다" 이젠 린포워드族 세상. 매일경제 황지혜 기자. 2014-07-17
- 모바일 뉴스 성공 위한 다섯 가지 비법. 지디넷코리아 김익현 기자. 2016-07-22

안심Touch

문제 12

보편적 시청권에 대해 서술하라.

[2015 KBS 기자]

답안

방송법 제76조에서는 방송통신위원회가 국민적 관심이 매우 큰 체육경기대회 그 밖의 주요 행사를 고시하고, 국민관심행사 등에 대한 중계방송권자 또는 그 대리인은 일반국민이 이를 시청할 수 있도록 중계방송권을 다른 방송사업자에게도 공정하고 합리적인 가격으로 차별 없이 제공하여야 한다고 규정하고 있다.

월드컵이나 올림픽 등 국민적 관심사인 스포츠 이벤트의 중계권을 두고 보편적 시청권 논란이 벌어지기도 한다. 특정 방송사에서 스포츠 이벤트를 독점 중계할 때, 해당 방송을 보지 못하는 시청자의 권리가 박탈될 수 있다는 것이다.

현행 방송통신위원회고시에 따르면, 동・하계 올림픽과 FIFA(국제축구연맹)가 주관하는 월드컵 중 성인남자 및 성인여자 국가대표팀이 출전하는 경기는 국민 전체가구 수의 100분의 90 이상 가구가 시청할 수 있는 방송 수단을 확보해야 한다. 동・하계아시아경기대회, 야구WBC(월드베이스볼클래식) 중 국가대표팀이 출전하는 경기, 성인남자 국가대표팀이 출전하는 AFC(아시아축구연맹) 및 EAFF(동아시아축구연맹)가 주관하는 경기(월드컵축구 예선포함), 양 축구협회간 성인남자 국가대표팀이 출전하는 평가전(친선경기 포함)은 국민 전체가구 수의 100분의 75 이상 가구가 시청할 수 있는 방송 수단을 확보해야 한다.

해설

보편적 시청권은 최근 들어 각종 국제 스포츠 대회 중계 이슈가 터질 때마다 심심치 않게 나오는 개념이다. 2015년 KBS 방송저널리스트 분야에서도 출제됐던 것은 물론이고, 앞으로도 주된 이슈가 될 것 같다. 게다가 2016년에는 리우 올림픽을 두고 방통위와 지상파 3사, 종합편성채널 4사, 보도채널 등이 갈등을 보이기도 했다. 갈등의 요지를 간단히 설명하자면, 방송법 시행령에 따라 올림픽 등 주요 스포츠 경기 중계사업자는 타 보도기능 방송사에 보도용 영상을 일부(4분가량) 제공하도록 하고 있는데, 이것이 오후 10시가 맞느냐 오후 7시가 맞느냐는 이야기다. 당연히 8~10시에 메인 뉴스를 하는 종편은 오후 7시, 지상파는 오후 10시를 주장했다.

역설적이지만 보편적 시청권에 대한 지상파의 뉴스는 JTBC 등 비지상파채널이 단독 중계를 하게 되면 확연히 달라진다. 당시 뉴스엔 보도에 따르면, KBS · MBC · SBS 등 지상파 3사는 보도자료를 내고 "유료 케이블 방송인 JTBC의 2013 WBC(월드베이스볼클래식) 방송권 계약에 대해 유감을 넘어 우려를 금할 수 없다"면서 "JTBC의 일방적인 단독 방송은 무료 보편적 서비스 제공을 도외시하고 막대한 국부유출을 초래하는 것"이라고 비판했었다.

또한 스포츠 중계권 경쟁과 관련해서는 지상파들 사이에서도 SBS와 KBS·MBC의 스탠스가 조금 다르다. 관심이 있는 독자는 찾아서 그 맥락을 살펴보도록 하자. 답안 작성이나 면접 과정에서 지상파나 종편, 보도채널 등 지원 회사에 맞춰서 답안을 준비해 가야 하는 것은 물론이다. '국민이 무료로 접근할 수 있는 지상파 방송이 우선적으로 중계권을 가져야 한다는 의견이 많다' 등의 문장을 어떻게 쓸지는 독자들의 판단에 맡긴다. 종편이나 보도채널에 지원한다면 '2015년 말 기준 지상파 방송을 직접 안테나로 수신하는 가구의 비율은 6.7%(방통위 기준)에 불과하다'는 표현을 쓸 수도 있겠다.

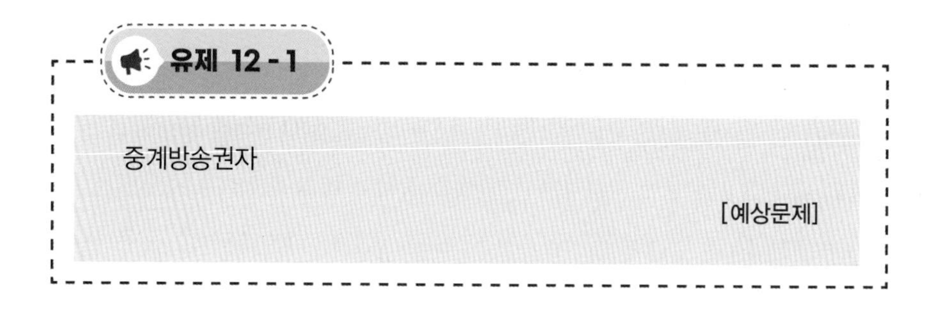

중계방송권자

[예상문제]

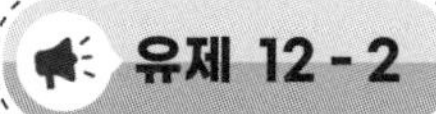

유제 12 - 2

방송채널사용사업자(PP ; Program Provider)

[예상문제]

유제 12 - 3

다채널방송(MMS ; Multi Mode Service)이란?

[예상문제]

유제 12 - 4

코리아뷰(K-view)와 BBC의 프리뷰(Freeview)에 대해 아는 대로 쓰라.

[2011 KBS 변형]

유제 12 - 5

각종 스포츠 대회의 중계권을 놓고 방송사 간 출혈경쟁이 있다는 주장에 대해 논하라.

[예상문제]

유제 12 - 6

뉴스 저작권법에 대해 200자로 약술하라.

[2014 EBS 변형]

참고문헌

- [뒤끝뉴스] "올림픽 영상 분쟁 예견 못했나요". 한국일보 조아름 기자. 2016-08-09
- 보편적 시청권? 앞뒤가 안맞는 KBS 뉴스. 미디어오늘 금준경 기자. 2016-06-04
- 방통위 보편적 접근권 주장 '어불성설'. KBS 차정인 기자. 2016-08-10
- 지상파3사 "JTBC 2013 WBC 방송권 계약, 소모적 중계권 경쟁". 뉴스엔 김종효 기자. 2012-10-25
- 올림픽, 월드컵 등 관심 행사에 보편적 시청권 보장. 전자신문 전지연 기자. 2016-07-19
- 〈연합시론〉 리우 올림픽 보편적 시청권 보장하라. 연합뉴스. 2016-08-02
- '보편적 시청권' 부르짖던 지상파, 돈 벌이 나서며 시청권 부정 모순. TV조선 김수홍 기자. 2016-08-12
- "EBS 다채널방송, 시청자에게는 실익 없어". 동아일보 정세진 기자. 2016-03-04
- 국가법령정보센터 홈페이지

문제 13

재난보도준칙

[2015 한겨레, 2014 KBS]

답안

한국신문협회·한국방송협회·한국기자협회·한국신문윤리위원회·한국신문방송편집인협회 등 15개 언론 단체가 세월호 참사를 계기로 제정한 자율적 가이드라인이다. 2014년 9월 16일 발표됐다. 전문과 1~3장, 부칙으로 구성됐으며 조문은 총 44개다. 왜곡 방지를 위한 현장데스크 운영, 피해자 인권보도, 준칙 이행을 협의·협력하는 현장 취재협의체 운영방안 등이 서술돼 있다. 또한 재난보도준칙에서는 취재기자들의 사후 심리치료와 건강검진에 대해서도 언급돼 있다. 하지만 미디어 전문가들은 재난보도준칙의 제정뿐 아니라 실천 의지가 더 중요하다고 입을 모은다. 실제로 2016년 경주 지진 사태에서도 많은 방송사가 재난보도를 충실하게 하지 못했다는 비판이 일었다.

KBS는 자체적인 재해·재난보도 지침을 운용하고 있다. PD저널 기사에 따르면, KBS 재해·재난보도 지침은 피해 관련 통계나 명단은 구조기관의 공식 발표를 따르고, 상황파악이 어려워 혼란이 예상될 경우에는 자체적인 취재결과를 보도하되 정확성과 객관성을 최대한 유지하고 또 자체 취재결과임을 방송에 밝히며, 불확실한 내용에 대해서는 철저한 검증보도로 유언비어의 발생이나 확산을 억제한다고 명시하고 있다. SBS와 MBC도 재난보도준칙을 운용하고 있다.

해설

재난보도는 언제든지 나올 수 있는 중요한 논제가 아닐 수 없다. 재난 상황은 대개 인간의 영역 밖이며, 같은 이치로 언제든지 일어날 수 있다. 따라서 재난 상황이 닥쳤을 때 기성 언론의 재난보도와 준칙 준수 여부, 시민사회계와 언론계의 반응 등을 순발력 있게 정리하는 것이 수험생의 자세라 할 수 있다. 국내외에서 재난 상황이 발생했을 때, 관심 언론의 보도 양태를 확인하고, 관련 준칙 등을 찾아보는 것을 권한다.

방송가에서는 재난 상황에서 이를 방송하지 않고 예능이나 드라마 프로그램을 본래 편성대로 방송했다가 비판을 받는 일도 있었다. 최근에는 재난보도에 대한 인식이 높아져 이런 사례가 거의 없지만, 예전에는 이런 비판을 어렵지 않게 찾아볼 수 있었다. 또한 재난 상황에서 방송인의 진행 태도나 언행에 대해서도 논제로서 고민을 해볼 수 있겠다.

해외 유수 언론에서도 재난보도 준칙을 정해서 따르고 있다. 영국 BBC는 보도 가이드라인 11장에 '전쟁, 테러, 응급상황(War, Terror and Emergencies)'에 대해 상세히 기술하고 있다. 방송 제작 중 영국 시민에게 위해가 갈 가능성이 있는 경우, 뉴스 방영이 중단될 위험이 있는 경우, 테러 위협을 받은 경우 등 상황별로 규정이 상세하다. 국내 방송통신발전기본법 시행령 제28조(재난방송 등) 등에 대해서도 공부를 권한다.

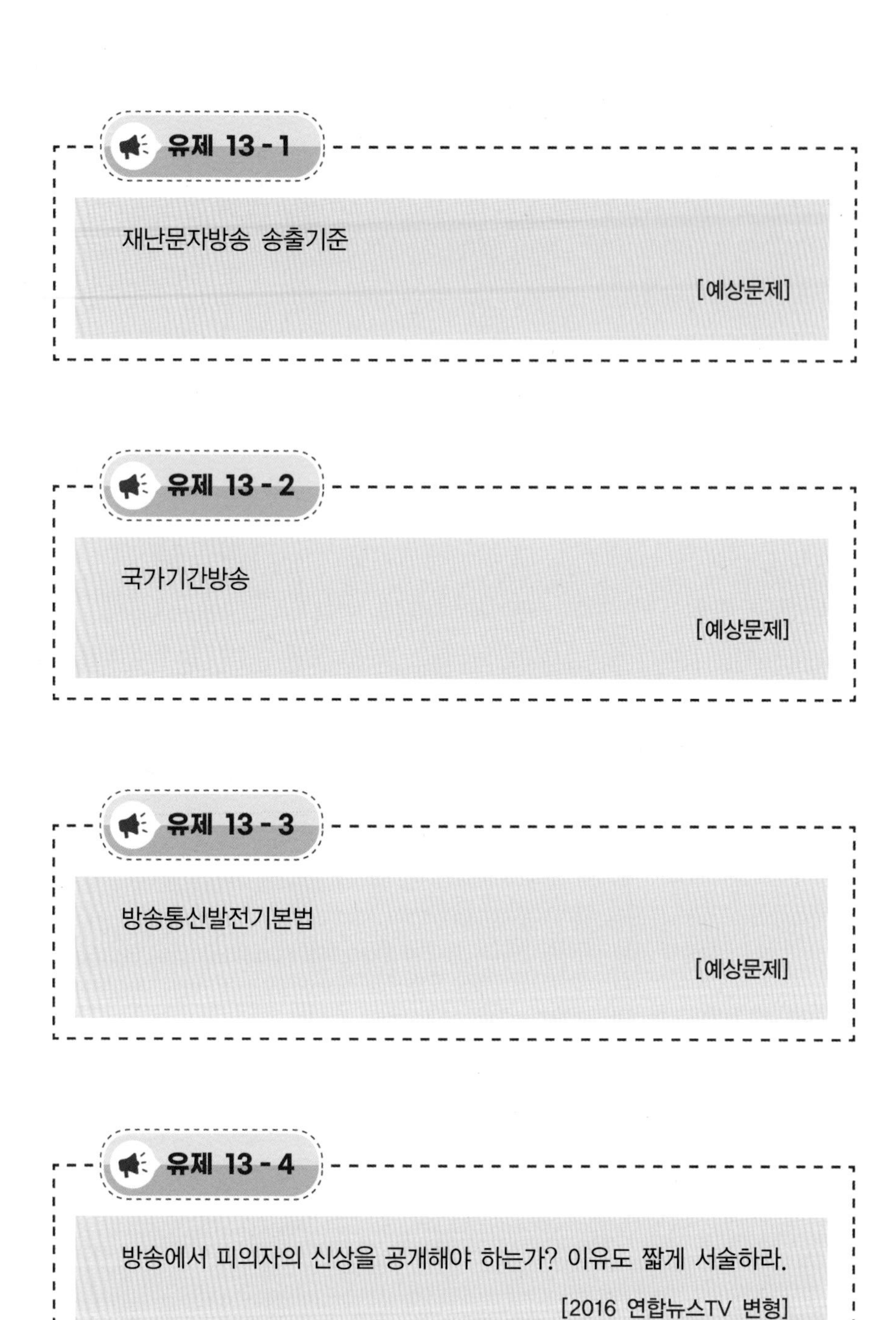

유제 13 - 1

재난문자방송 송출기준

[예상문제]

유제 13 - 2

국가기간방송

[예상문제]

유제 13 - 3

방송통신발전기본법

[예상문제]

유제 13 - 4

방송에서 피의자의 신상을 공개해야 하는가? 이유도 짧게 서술하라.

[2016 연합뉴스TV 변형]

유제 13 - 5

유명인의 자살 보도를 공영방송은 어떻게 보도해야 할지 짧게 서술하라.

[예상문제]

참고문헌

- '세월호 오보' 언론, 재난보도준칙 선포. 기자협회보 김창남 기자. 2014-09-17
- KBS, 자극적 자막 오보에 시청자 비난 빗발쳐. PD저널 최영주 기자. 2014-04-19
- 재난 보도에 대하여. 한국신문방송편집인협회 2011 편협 포럼. 중앙대 이민규 교수 외. 2011-04-14~15
- KBS "지진 발생 3분만에 재난 상황 전달했다" 해명. 중앙일보 김경희 기자. 2016-09-13

문제 14

동네 주민들이 방송기자인 당신에게 O2O(Online to Offline)에 대해 묻고 있다. 이를 설명하라.

[2015 KBS 방송기술 변형]

답안

O2O(Online to Offline)는 온·오프라인 연계라는 우리말로 번역됩니다. 실제 현실(오프라인)에서 판매되는 재화(상품)나 용역(서비스)을 온라인을 통해 구매할 수 있다는 개념을 말합니다. 본격적으로 O2O가 산업으로서 각광을 받게 된 것은 위성항법시스템(GPS)을 통한 위치기반 서비스가 가능해진 스마트폰이 보편화된 이후인데요. O2O는 신용카드와 결합한 삼성페이 등 간편결제, 특정 위치와 제품정보 등을 결합한 비콘, 배달음식 등 음식 서비스와 모바일 기술을 결합한 푸드테크, 인터넷과 금융 서비스를 결합한 인터넷전문은행 등으로 그 구현 분야가 다양하죠.

해설

콘텐츠 시장에 N스크린이 있다면 유통 시장에는 O2O가 있다. O2O는 몇 년 전까지만 하더라도 우버가 일으킨 각종 소송이나 기존 사업자의 반발 등으로만 익혀졌던 개념이지만, 최근에는 신 경제를 이끄는 트렌드가 됐다. 당장 배달의 민족 계열사만 하더라도 몇 개인가. 배민프레시, 배민쿡, 배민라이더스 등 다양하다. 배달의 민족은 '맛있는 음식을 원하는 장소에서 먹는다'는 사명으로 사업을 확장해 나가고 있다. 숙박업계에서는 여기 어때의 활약이 눈부시다. 글로벌 시장으로는 우버와 에어비앤비를 빼놓고 O2O를 말할 수 없을 정도다.

O2O는 단순히 개념을 알고 또 암기하는 것이 중요한 것이 아니다. 트렌드를 알고, 이를 논술이나 작문, 면접에서 어떻게 써먹을 수 있는지가 더 중요하다. O2O로 인해 다가올 경제 트렌드는 무엇인가? 한국 경제에 미칠 영향은 무엇인가? 어설프게 미래학 책을 읽고서 쓰는 습작의 느낌이 아니라, 구체적이고 독서량이 드러나는 답안을 쓰는 것이 중요하다. 때로는 O2O와 신문산업, 콘텐츠산업과의 연관을 지어서 답을 쓰라고 할 때 '인사이트'를 어떻게 줄 수 있을지까지 미리 고민해본다면 금상첨화(錦上添花)겠다.

O2O와 더불어 꼭 알아둬야 할 개념이 옴니채널이라는 개념이다. 옴니채널은 온라인-오프라인, PC-모바일 등 디바이스나 채널에 상관없이 언제 어디서나 내가 원하는 물건을 빠르고 편리하게 구매할 수 있는 유통 환경을 뜻하는 말이다. 예컨대 백화점에서 파는 화장품을 오전에 스마트폰을 통해 결제한 뒤 퇴근하면서 동네 편의점에서 픽업을 하거나, 홈쇼핑에서 구매한 물건을 집 앞 슈퍼마켓이나 대형마트에 맡기면 바로 반품이 되는 식이다. 아직까지는 초기 단계지만 앞으로 발전 가능성이 무궁무진하다.

하지만 O2O를 무조건 장밋빛 미래로만 볼 수는 없다. 이런 서비스가 생겨나면 또 기존의 사업자들은 설 자리가 사라지는 것이 수순일 것이다. 그에 대한 고민과 논의도 논술이나 작문에 녹여낼 수 있다면 좋겠다.

유제 14 - 1

NFC(Near Field Communication)에 대해 설명하라.

[예상문제]

유제 14 - 2

옴니채널(Omni Channel)을 약술하라.

[예상문제]

유제 14 - 3

비콘(Beacon)을 예를 들어 설명하라.

[예상문제]

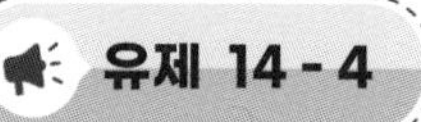

유제 14 - 4

알리페이(Alipay)와 국내 주요 페이 서비스에 대해 쓰라.

[2015 YTN, 2014 연합뉴스TV 변형]

유제 14 - 5

위치정보사업자

[예상문제]

유제 14 - 6

공공인증서

[예상문제]

참고문헌

- [J report] 유기농 펀딩 · 세계 집밥… 첨단기술 먹는 음식산업. 중앙일보 박수련 기자. 2016-03-18
- [新성장동력을 찾아라] (2) 각광 받는 O2O 서비스 – '상상' 가능한 모든 것… '황금알' 쏟아낸다. 경향신문 송진식 기자. 2015-11-11

문제 15

OTT에 대해 서술하라.

[2015 SBS 방송경영 변형]

답안

OTT는 'Over The Top'의 약자다. 블로터 권혜미 기자의 정의에 따르면, OTT는 인터넷을 통해 볼 수 있는 TV 서비스라는 뜻이다. 본래 영어로 Top은 케이블 TV나 위성방송(스카이라이프 등)을 수신하기 위해 TV와 곁들여서 사용하는 '셋톱박스'를 나타내는 말이다. 하지만 Top이라는 단어의 개념은 인터넷 라인을 통해 연결되는 장치를 포괄하는 말로 의미가 확대됐다. PC・스마트폰・태블릿PC 등의 모바일 디바이스들을 포함한다. 따라서 OTT란 인터넷 기반 전용 수신기기를 통한 방송・영화 등 영상 콘텐츠 서비스를 통칭하는 말이 됐다. 미국에서는 넷플릭스・훌루 등 기라성 같은 사업자들이 콘텐츠 사업의 트렌드를 이끌고 있다. 국내에서는 CJ의 티빙이 대표적이다. OTT 서비스가 등장한 배경에는 인터넷망의 보급이 있고, 이 때문에 망 중립성 문제도 불거졌다.

해설

2015년 SBS 방송경영에 출제된 문제지만 지금도 여전히 유효하다. 문제 11과 연결지어 공부해야 할 논제지만, 별도로 출제된 적이 있어 따로 답안과 해설을 수록한다. OTT는 방송 생태계를 바꾸는 주요 패러다임이고, 기존 방송사를 넘어서는 수준의 영향력을 보여주기 때문이다. 만일 독자 중 IT 담당 기자로 현직에 진출하는 사람들이 있다면 미국 최대 가전쇼 CES에 가서 넷플릭스 부스 주변을 돌아본다면 그 위용을 한눈에 알아볼 수 있을 것이다. 존재감은 물론이고, 사전에 예약이 없으면 아예 들어갈 수조차 없다. 이미 미국에서는 넷플릭스의 가입자 수가 여느 케이블 TV 가입자보다 많다.

넷플릭스 외에도 뉴스코퍼레이션과 NBC유니버셜이 합작해 만든 OTT 서비스인 훌루, 애플이 하는 애플 TV, 구글의 구글 TV 등의 서비스에 대해서도 알아둘 필요가 있겠다. 세계 최대 유료 OTT인 넷플릭스에 대해서는 별도로 단행본을 읽어두는 것도 관련 논술 작성에 도움이 되지 않을까 싶다. 국내에서도 OTT 서비스가 꾸준하다. 2010년 출시된 CJ헬로비전의 '티빙'이 대표적이다. 그 외에 지상파 4사의 N스크린 서비스 '푹', SK의 '호핀', 현대HCN-판도라 TV의 '에브리온TV캐스트' 등이 있다.

당장은 아니겠지만, 신문의 위기처럼 '방송사의 위기' 같은 문제가 OTT와 연관지어 논술로 나오지 말란 법이 없다. 관련 개념인 망 중립성도 빼놓을 수 없다. 요즘에는 핫한 트렌드에서는 한 발 빗겨난 개념이지만, 망 중립성은 OTT의 전제조건 같은 개념이라 알아둘 필요가 있다. 또한 언제든 나올 가능성이 있다. 연관 개념 격으로 TPO(Time · Place · Occasion)에 대해서도 알아두면 좋겠다. TPO에 기반을 둔 뉴스나 영상 콘텐츠라는 측면에서 언론사의 면접 문제로 원용해 볼 수도 있다. 예로는 뉴욕타임스의 애플워치 전용 뉴스 앱이 꼽힌다. 애플워치에 한 줄짜리 뉴스가 실시간으로 나오면, 이를 클릭해서 풀 페이지로 보는 식이다. 뉴스 소비자의 시간, 장소, 목적에 맞는 맞춤형 뉴스를 만들어 낸다는 개념이겠다.

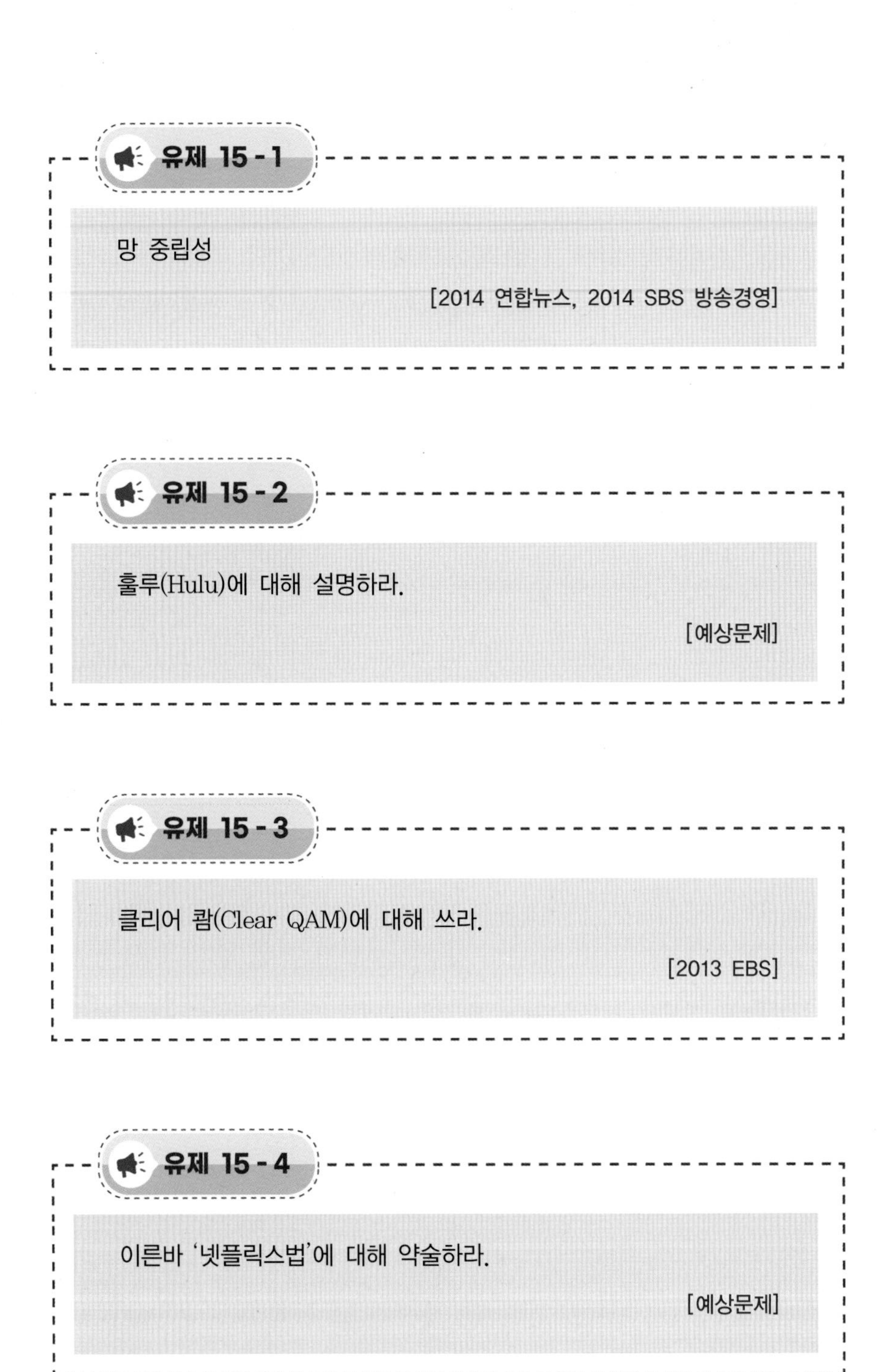

유제 15 - 1

망 중립성

[2014 연합뉴스, 2014 SBS 방송경영]

유제 15 - 2

훌루(Hulu)에 대해 설명하라.

[예상문제]

유제 15 - 3

클리어 큄(Clear QAM)에 대해 쓰라.

[2013 EBS]

유제 15 - 4

이른바 '넷플릭스법'에 대해 약술하라.

[예상문제]

유제 15 - 5

오리지널 콘텐츠

[예상문제]

유제 15 - 6

셋톱박스

[2015 방송통신심의위원회]

유제 15 - 7

홀드백

[2018 방송통신심의위원회]

참고문헌

- 용어로 보는 IT-OTT. 네이버캐스트 권혜미 블로터 기자.
- 중앙일보·JTBC 입사 공식 가이드북. 강찬호 외. 2015-09-22
- [알아봅시다] OTT(Over The Top). 디지털타임스 강희종 기자. 2011-09-27
- [용어 아하!] 클리어 쾀. 디지털타임스. 2014-07-02

문제 16

오늘날 현대인의 포털사이트 이용 실태에 빗대, 필터 버블(Filter Bubble) 현상을 설명하라.

[2015 KBS 예능드라마PD]

답안

필터 버블(Filter Bubble) 현상이란 엘리 프레이저가 저서 〈생각 조종자들(원제 Filter bubble)〉에서 제안한 개념이다. 알고리즘이라는 기계가 필터링해 주는 세상에 인간이 갇히는 현상을 빗댔다. 쉽게 말하면 인터넷 검색과 소셜네트워크서비스 등에 의존해 일부 정보만 편식하는 현상을 말한다.

실제로 오늘날 검색 시스템은 이런 필터 버블을 현실화시켜주고 있다. 같은 술을 검색하더라도 어떤 사람에게는 폭탄주, 다른 사람에게는 와이너리 여행이 나올 수도 있는 것이다. 뉴스 소비에서도 필터 버블 현상을 심화되고 있다. 소셜네트워크서비스를 통해 비슷한 성향의 네티즌들끼리 정보를 공유하고 또 공감하기 때문이다.

해설

필터 버블이라는 말은 그동안 '함정'이라는 말과 함께 쓰이고는 했다. 검색 엔진이 제공해 주는 정보만 한정해서 접하면서, 사안의 실체를 보지 못하는 오류에 대해서 비판적인 논의를 펼칠 때 사용되는 경우가 많기 때문이다. 대개 미디어 학자들이 많이 사용했고, 정치가나 사회운동가들도 종종 사용했었다.

우리가 수험 목적에서 파악하는 필터 버블 역시 마찬가지의 맥락이 될 수 있을 것이다. 필터 버블 현상이 벌어지는 현시점에서, 올바른 공영방송의 역할은 무엇인가? 약간만 틀어도 당장 공영방송에서 유효한 논술 주제 또는 면접 주제가 될 수 있다.

비즈니스포스트에 따르면, 최근 필터 버블은 방송 콘텐츠의 인기 및 마케팅과 연관된 개념으로 해석되기도 한다. 하나의 콘텐츠에 대한 해석과 평가가 덧붙어지면서, 시청자들이 자발적으로 재미를 공유하는 필터 버블을 형성하게 되고 그 안에서 자연스러운 구전 마케팅이 벌어지기도 한다는 논리다. 페이스북 등 주요 플랫폼에서 노출 정도와 바이럴의 깊이 등이 향후 흥행 여부를 가늠할 수 있는 잣대가 되기도 한다.

함께 알아야 할 개념은 당연히 게이트키핑이겠다. 그동안 올드미디어 환경에서 뉴스의 취사선택은 언론사 데스크의 게이트키핑 과정이 주된 매개였다. 몇 년 전에 유행한 개념이지만 크라우드소싱이나 위키리크스 등에 대한 관심도 여전히 중요하다. 이슬람국가(IS)와 연관한 프로파간다(정치 선동)에 대해서도 고민이 필요하다.

페이크 뉴스에 대해서도 공부가 필요하다. 도널드 트럼프 전 미국 대통령의 선거 당시 페이크 뉴스는 언론의 화두였다. 지금도 세계 각지에서 정치인들이 페이크 뉴스로 논란을 겪고 있다. 이에 대한 관련 이슈를 꾸준히 챙겨 보자.

유제 16 - 1

바이럴 마케팅(Viral Marketing)

[예상문제]

유제 16 - 2

크라우드소싱(Crowdsourcing)

[예상문제]

유제 16 - 3

프로파간다(Propaganda)

[예상문제]

유제 16 - 4

검색엔진조작효과(SEME)

[예상문제]

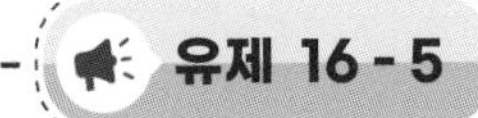

알고리즘(Algorithm)

[예상문제]

유제 16 - 6

페이크뉴스에 대해 설명하고, 페이크뉴스가 범람하는 시대에 공영방송의 역할은 무엇인지 서술하라.

[2017 KBS 영어전문 PD 변형]

참고문헌

- 필터버블… 추천 · 맞춤형 정보에 갇힌 세상. 한겨레 김영주 한국언론진흥재단 연구센터장. 2015-09-02
- 드라마 '또 오해영' 돌풍, CJ ENM 광고매출 급증 예상. 비즈니스포스트 조은진 기자. 2016-06-01

안심Touch

문제 17

CCL의 원어를 적시하고, 그 뜻을 쓰라.

[2015 KBS 예능드라마PD]

답안

CCL의 원어는 크리에이티브 커먼스 라이선스(Creative Commons License)이다. CCL은 자신의 창작물이나 지적재산권을 일정한 조건이 충족된 경우 다른 사람이 자유롭게 이용할 수 있도록 사전에 허락하는 인증이다. 본래 국내외 저작권법 및 지적재산권법에서는 원칙적으로 타인의 콘텐츠 이용을 금지하고 허가를 받은 사람만 이용이 가능한데, CCL은 원칙적으로 자신의 콘텐츠 이용을 허락하고 몇 가지 조건을 추가하는 방식이라는 것이 다르다. 저작자표시, 비영리, 변경금지, 동일조건변경허락 등의 조건에 따라 6가지의 CCL 인증이 통용되고 있다. CCL 관련 홈페이지에서 라이선스 생성기를 통해 HTML 코드를 생성한 뒤 자신의 글에 삽입할 수 있다. CCL은 한국을 포함한 전 세계 여러 국가에서 통용되고 있다.

해설

요즘 많은 인터넷 게시물에서 심심치 않게 찾을 수 있는 단어가 바로 CCL이다. 자신의 창작물을 다른 사람이 자유롭게 이용할 수 있도록 사전에 허락하는 인증으로, 불법 복제나 재배포에 대해 금지하는 의미인 '카피라이트' 문구와는 사뭇 그 뉘앙스가 다르게 다가온다. CCL의 취지와 주요 조건, 조건별 CCL 인증 유형에 대해서 알아봐야 하겠다. 6가지 유형별로 저작자 표기와 배포 가능 여부, 변형 가능 여부 등에 대한 조건이 다르다.

유사 개념으로 카피레프트와 GPL 등에 대해서 알아둘 필요도 있다. 플리커와 같은 사이트의 설립 취지나 이용 양태에 대해서도 체크해 보자. 최근 리우 올림픽을 계기로 다시 한번 불거진 중계권 없는 방송사에 대한 보도용 올림픽 영상 제공에 대한 논점을 알아두는 것도 좋다.

연관 논술 주제로서 뉴스 저작권에 대한 고민을 좀 해보기를 바란다. 뉴스는 공짜인가? 한국에서는 포털사이트를 통해 공짜로 보고 있는 뉴스들이 사실은 다 저작권이 있고 유료인 서비스이다. 이에 대해 다양한 방식으로 논술이나 면접 질문이 나올 수 있으니 챙겨봐야 하겠다.

유제 17 - 1

카피레프트(Copyleft)

[2013 MBC · 서울신문]

유제 17 - 2

GPL(General Public License)

[예상문제]

유제 17 - 3

팬픽

[예상문제]

유제 17 - 4

플리커(Flickr)에 대해 약술하라.

[예상문제]

유제 17-5

자멘도(Jamendo)에 대해 아는 대로 쓰라.

[예상문제]

유제 17-6

저작인접권에 대해 예를 들어 설명하라.

[2017 KBS 예능PD 변형]

참고문헌

- 크리에이티브 커먼스 코리아 홈페이지
- "창작물에 CCL 붙이면… 저작권 공유로 더 큰 가치 창출". 동아일보 김유영 기자. 2015-10-21

안심Touch

문제 18

프레이밍 이론 · 프라이밍 효과

[2015 KBS 예능드라마PD]

답안

고전 커뮤니케이션 이론의 하나로, 어떤 상황에서 '생각의 틀(프레이밍 이론)'을 규정하거나 '생각을 촉발시키는(프라이밍 효과 이론)' 미디어의 효과를 설명하는 이론이다. 프레이밍 이론은 미디어가 특정한 틀과 시각을 취사선택해 보여주고, 수용자로 하여금 하나의 사건을 특정 방향으로 해석하도록 이끄는 것으로 본다. 김동규 교수에 따르면 "어떤 이슈가 발생했을 때 그것을 주도하는 세력에 의해 어떤 단어로 규정되어 프레임에 갇히면, 이와 관련한 이해와 해석이 그 단어의 범주를 벗어나지 못하게 된다"고 한다. 한글로 옮기면 점화효과로 해석되는 프라이밍 효과는 미디어가 특정 이슈를 강조할 경우 관련된 개념을 수용자가 떠올리는 빈도가 늘어나게 되고, 이는 특정 정책이나 정당, 정치인에 대한 여론에 영향을 줄 수 있다고 본다.

해설

정치 커뮤니케이션의 영역에 대한 개괄적 공부가 필요한 대목이다. 모두가 언론학도가 될 수는 없는 현실에서 필요한 부분만 교재나 강의 등을 통해 보충하는 노력이 필요하다. 시간이 된다면 정치광고, 정치 캠페인, 뉴스보도, 선거방송 등의 주요 쟁점에 대해서 스터디그룹에서 발표를 해보는 방식으로 서로의 지식을 채우는 것을 권한다. 특히 대선이나 총선을 앞두고는 선거방송심의위원회를 중심으로 관련 이슈를 챙겨보는 것이 필수다.

게이트키핑과 이념 논란에 대해서도 꾸준한 관심을 가져둘 필요가 있다. 이념 성향이 강한 다큐멘터리 등에 대해서 꾸준한 논란이 일어나며 단순히 방송학 등 필기 과정을 넘어, 면접에서도 충분히 출제될 수 있기 때문이다. EBS 다큐프라임 〈민주주의〉나 KBS가 투자한 영화 〈인천상륙작전〉 등에 대한 논란에 대해서는 논점을 확인하고 자신의 입장을 생각해 둘 필요가 있겠다.

참고문헌 중 당시 국민일보 고승욱 온라인 뉴스부장이 쓴 '게이트키핑 개념이 바뀐다'는 글도 찾아서 읽어보기를 바란다. 21세기 언론 환경의 게이트키핑에 대한 고민이 담긴 글이라 생각한다. 하지만 글에 나온 '킬(kill : 기사나 발제를 물고 한다는 뜻)'이라는 표현이 꼭 콩글리시인지는 모르겠다. 블룸버그에서 발행하는 기사 스타일북의 머리말에도 'Kill the story'라는 표현이 나오기는 한다.

맥락상 큰 관련은 없지만, 이번 기회에 언론학의 기본 이론들을 좀 챙겨보기 바란다. 매년 꾸준히 나오고 있다. 수험을 위해서는 정인숙 가천대 신문방송학과 교수의 〈커뮤니케이션 핵심 이론〉이라는 책을 달달 외워가는 것도 좋다. 정재철 단국대 커뮤니케이션학부 교수가 쓴 〈문화연구자〉라는 책도 시간이 된다면 참고하기를 바란다. 문화연구자 내용 중에서는 스튜어트 홀의 이론이 출제됐었다.

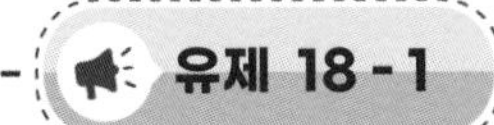

페어니스 독트린(Fairness Doctrine)

[2012 KBS]

유제 18 - 2

선거방송심의위원회와 선거 후보자 토론 프로그램 규제

[2010 KBS 변형]

유제 18 - 3

게이트키핑(Gate Keeping)

[2016 언론재단]

유제 18 - 4

미디어 의존 이론에 대해 서술하라.

[2013 언론재단 변형]

유제 18 - 5

1920~1940년대 미디어 연구에는 무엇이 있고, 오늘날 어떤 의미를 가지는가?

[2012 KBS 변형]

유제 18 - 6

미디어 수용자에게 사회학습 이론과 카타르시스 이론은 어떤 의미인지 예를 들어 쓰라.

[2013 KBS 지역저널리스트 변형]

유제 18 - 7

배양 이론(문화계발 효과 이론 · 문화규범 이론)을 막장드라마와 연관지어 설명하라.

[2010 KBS 변형]

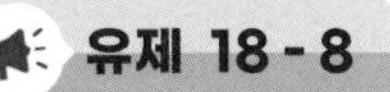

유제 18 - 8

제3자 효과와 제1자 효과(또는 역 제3자 효과)를 비교해서 약술하라.

[2015 전자신문 변형]

유제 18 - 9

이용과 충족 이론을 공영방송 이용행태와 연관지어 서술하라.

[2012 KBS 변형]

유제 18 - 10

1980년 스튜어트 홀의 논문 '텔레비전 담론 속의 부호화와 해독'이 오늘날 미디어 환경에서 갖는 의미를 약술하라.

[2014 KBS 변형]

유제 18 - 11

침묵의 나선 이론을 알기 쉽게 설명하라.

[2015 KBS 변형]

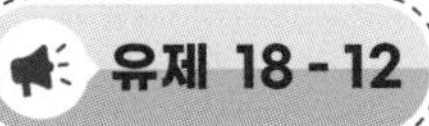

유제 18 - 12

매러비안의 법칙을 예를 들어 설명하라.

[2010 KBS 변형]

유제 18 - 13

정치학자 해럴드 D. 라스웰이 정의한 미디어의 4대 기능 [상관조정기능・환경감시기능・문화유산(또는 사회유산) 전달기능・오락기능]을 KBS의 보도 프로그램과 연관지어 설명하라.

[2013 KBS 지역저널리스트 변형]

유제 18 - 14

TV에 나온 폭력적 장면은 시청자에게 어떤 영향을 미치는가?

[예상문제]

참고문헌

- [시론] 독수를 조심하라. 경향신문 김동규 동명대 교수. 2015-10-15
- EBS이사장 "다큐프라임 편향… '게이트키핑' 필요". 기자협회보 최승영 기자. 2016-06-24
- [데스크시각-고승욱] 게이트 키핑, 개념이 바뀐다. 국민일보 고승욱 온라인 뉴스부장. 2015-10-01

방송통신위원회 · 방송통신심의위원회 · 방송사 자체 심의기구의 차이에 대해 서술하라.

[2015 KBS 예능드라마PD 변형]

답안

방송통신위원회는 지상파 방송 및 종편 · 보도 PP 정책, 방송통신사업자의 금지행위 위반 조사 · 제재, 방송통신 이용자 및 개인정보 보호정책, 불법유해정보 유통방지, 미디어 다양성 정책 등을 담당하고 있다. 박근혜 정부 출범 당시 신설된 미래창조과학부와 방송통신위원회를 통합하려는 시도가 있었으나 야당의 반대로 무산됐다.

방송통신심의위원회는 헌법의 민주적 기본질서 유지와 인권존중 등 16가지 사항에 대해 방송의 공정성 및 공공성을 심의하는 기구다. 방송 콘텐츠의 내적 규제를 맡고 있으며, 특정 프로그램의 공정성과 공공성 위반 시 해당 프로그램(또는 방송광고)의 정정 · 수정 · 중지, 방송편성책임자 등에 대한 징계 · 주의 · 경고 등의 제재를 할 수 있다. 방송통신심의위원회가 제재조치를 정하면, 방송통신위원회가 그 처분을 명령한다. 또한 방송통신심의위원회는 방송 프로그램의 연령 등급도 판정한다.

방송법 제86조 '방송사업자는 자체적으로 방송 프로그램을 심의할 수 있는 기구를 두고, 방송 프로그램(보도에 관한 방송 프로그램을 제외한다)이 방송되기 전에 이를 심의하여야 한다'는 규정에 따라 방송사별 자체 심의기구가 있다. 자체 심의를 통해 방송사 내부에서 콘텐츠의 품질과 공정성, 공익성 등에 대해 효율적인 심의를 할 수 있다. KBS의 경우 시청자 위원 15명으로 시청자 위원회가 꾸려져 있으며, 매월 회의에는 주요 간부들이 참석한다.

해설

인터넷 뉴스를 보다 보면 심심치 않게 발견할 수 있는 것이 'OO 프로그램 방심위 주의 징계' 등으로 시작하는 기사다. 방송통신심의위원회의 징계는 지상파와 종편・보도채널 방송사의 재승인 문제와 직결된다는 점에서 중요한 이슈이기도 하다. 주의 1점, 경고 2점, 관계자 징계 4점 등이다. 경고 몇 번이 누적되면 세부 항목에서 과락을 맞아 재승인 탈락이 나올 수도 있는 만큼 민감한 문제다.

하지만 심의를 두고 정치적이라는 비판이 일기도 한다. 경향신문은 2015년 4월 25일 자(온라인 게재 4월 24일) 사설에서 "방송통신심의위원회가 방송의 제작 자율성을 훼손하는 독단적 결정과 편향적 심의를 일삼는다는 지적을 받은 게 어제오늘의 일이 아니다"고 지적한 바 있다.

방송심의와 관련해 추가로 알아둬야 할 개념으로는 방송의 공정성과 공익성, 공적책임 등을 꼽을 수 있다. 종합편성채널 심사 과정에서도 가장 어려웠던 항목 중 하나였고, 사회의 공기(公器)인 방송으로서는 떼려 해야 뗄 수 없는 개념이기도 하다. 국립국어원 표준국어대사전에서도 공기란 '공공성을 띤 기관이나 관직을, 사회의 개개인에게 영향을 미칠 수 있다는 측면에서 이르는 말. 신문이나 방송 같은 언론기관 등이 이에 속한다'고 뜻을 명기해 놓았다.

그 외에도 방송사의 소유 제한에 대한 스토리를 알아두는 것도 좋겠다. 전두환 신군부의 언론 통폐합 과정과 신문 · 방송 겸영 금지 시절, 종편의 등장과 규제 완화, 전망 등을 일목요연하게 알아둔다면 관련 논술 · 약술이나 면접 과정에서 요긴할 것으로 본다.

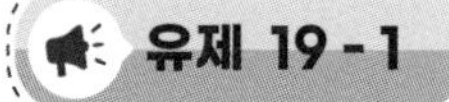

방송법 제33조 2항에 열거된 방송통신심의위원회의 심의 기준이 아닌 것은?

[예상문제]

유제 19 - 2

방송법상 방송사의 소유 제한에 대해 쓰라.

[예상문제]

방송법 제8조에 적시된 대기업의 지상파 방송사 지분 소유 제한 규정에 대해 아는 대로 쓰라.

[예상문제]

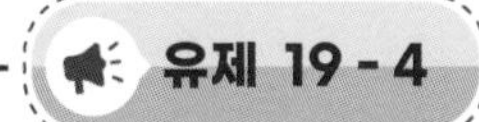

의무재송신채널에는 무엇이 있나?

[2011 KBS 변형]

참고문헌

- 2016년 8월 KBS 시청자위원회 운영실적, KBS 시청자위원회 홈페이지
- 언론 자유 훼손하는 방심위의 '정치 심의', 경향신문 사설, 2015-04-24
- 위원회 소개, 방송통신위원회 홈페이지
- 법제처 국가법령정보센터 홈페이지
- 국립국어원 표준국어대사전 홈페이지

문제 20

팟캐스트와 방송의 공통점과 차이점을 약술하라.

[2015 KBS 예능드라마PD, 2016 SBS 드라마PD 변형]

답안

팟캐스트는 이용자가 원하는 채널을 선택해서 동영상이나 음성 파일 등으로 콘텐츠를 소비할 수 있다는 점에서 방송과 공통점이 있다. 하지만 아이튠즈 등 자체 구독 인터넷 플랫폼을 통해서 콘텐츠가 유통되고, 콘텐츠를 원하는 시간에 볼 수 있다는 점이 방송과의 차이점이다. 또한 인터넷망을 통해 유통되는 팟캐스트는 방송에 비해 설비 부담이 적다. 또한 짜여진 편성 시간에 따라 송출되는 방송과 달리, 팟캐스트는 송출의 개념이 없다. 그 대신 시청자가 원하는 시간에 영상을 재생해서 소비하게 된다.

학문적인 관점에서, 박영흠・김균은 팟캐스트를 '탈객관주의, 탈이성주의, 탈엘리트주의 저널리즘'으로 봤다. 인기 팟캐스트채널인 〈나는 꼼수다〉에서 나오는 강력한 표현과 정치적 성향 등이 팟캐스트의 대표적 예로 꼽힌다. 지상파 방송사와 신문사에서도 팟캐스트를 운영하고 있다. 중앙일보의 〈듣똑라〉가 대표적인 예로 꼽힌다.

해설

몇 년 전까지만 하더라도 젊은 층이나 특정한 계층의 전유물이었던 팟캐스트는 이제 모든 사람이 즐겨듣는 매개가 됐다. 굳이 오디오 팟캐스트로 한정하지 않고, 유튜브 동시 방영까지 합치면 전 국민이 팟캐스트의 범위 내에 있다고 해도 과언이 아닐 것이다. 팟캐스트의 영향력을 바탕으로 압도적인 인기를 얻고 있는 〈김어준의 뉴스공장〉 같은 프로그램도 빼놓을 수 없다. 젊은 층에서 많은 사랑을 받고 있는 중앙일보의 〈듣똑라〉는 국제뉴스미디어협회(INMA) 2020 글로벌 미디어 어워드에 출품(영어명 'Listen for a Smart Life'), 어너러블 멘션을 받기도 했다.

해외에서도 팟캐스트 시장을 확대하고 앞서가기 위한 글로벌 미디어들의 경쟁이 치열하다. 구글이 내놓은 〈마이 뉴스 업데이트(my news update)〉 같은 서비스가 대표적이다. 구글의 안드로이드 운영체제에 담긴 인공지능 '구글 어시스턴트'에 대고 '오늘의 백악관 뉴스' 등을 말하면 워싱턴포스트 등 유수 언론사의 최신 시사 팟캐스트가 자동으로 플레이되는 방식이다. 앞으로 자동차와 스마트기술의 융합이 가속화할 미래에는 더 많은 팟캐스트 방송이 시청자를 사로잡지 않을까 싶다.

수험생의 입장에서 팟캐스트를 어떻게 바라봐야 할까? 우선은 지원 언론사의 팟캐스트에 대해 충분한 학습과 시청을 하고 가는 것이 좋다. 그리고 타사의 팟캐스트와 비교해 지원 회사와 관련하여 SWOT 프레임에 맞는 전략을 제시하거나, 신규 아이템을 제시하는 것도 검토해 봤으면 한다. 하지만 무엇보다도 뉴스와 시사를 사랑하는 자세, 평소에 지원 회사의 팟캐스트를 즐겨듣는 태도가 선행돼야 진정 수험 과정에서 남다른 성과가 나오지 않을까 싶다.

Your News Update

[예상문제]

유제 20 - 2

〈듣똑라〉에 대해 아는 대로 쓰라.

[예상문제]

유제 20 - 3

공동체 라디오

[예상문제]

유제 20 - 4

김어준의 뉴스공장

[예상문제]

유제 20-5

팟캐스트와 라디오의 차이점을 쓰고, 라디오의 경쟁력 강화 방안을 언급하라.

[2014 KBS 라디오PD 변형]

참고문헌

- 기아자동차 채용시작, 사진란 폐지… 팟캐스트 설명회 첫 도입. 캠퍼스 잡앤조이 이도희 기자. 2016-08-29
- 포스트 저널리즘 시대의 이해를 위한 탐색적 연구 : '나는 꼼수다'의 사례를 중심으로. 박영흠 · 김균(2012). 언론과학연구, 12권 3호 p.141-169
- 팟캐스트 저널리즘의 특징과 현황 : 시공간 한계 벗어난 개인 미디어 매력 듬뿍. 이미나. 신문과방송, 2015년 6월호 p.40
- 용어로 보는 IT-팟캐스트. 네이버캐스트 채반석 블로터 기자
- "INMA unveils Global Media Awards winners, COVID campaigns get top nod", INMA News Blog. 2020-06-02

문제 21

캐나다의 미디어 학자 마셜 매클루언이 제시한 핫미디어와 쿨미디어의 개념에 대해 알기 쉽게 설명하라.

[2013 KBS 변형]

답안

마셜 매클루언(Herbert Marshall McLuhan)은 1964년 작 저서 〈미디어의 이해(Understanding Media)〉에서 핫미디어와 쿨미디어라는 개념을 제시했다. 매클루언은 미디어를 핫미디어와 쿨미디어로 나누는 기준으로 '명세도(Definition)'와 '수용자의 참여도' 등 2가지를 제시했다. 매클루언은 핫미디어를 영화·신문·라디오 등 한 가지 감각으로 많은 정보를 받아들이는 데 큰 노력이나 상상력이 필요 없는 미디어로 정의했다. 하지만 수용자가 적극적으로 정보를 받아들이기 위해 참여해야 하는 만화·전화·TV 등은 쿨미디어라고 봤다. 매클루언은 핫과 쿨의 양분적인 이론적 틀을 제시하였으나 그 정밀성을 두고 비판이 많았다. 하지만 그는 연속적이며, 상대적이라고 주장했다.

해설

50년도 더 된 핫미디어와 쿨미디어가 다시 관심을 끌었던 것은 이 개념이 2013년 KBS 시험문제에 출제되면서다. 앞으로는 나오는 일이 거의 없지 않을까 싶지만, 언젠가 기본적인 지식 또한 중요하다면서 한 문제 나온다면 낭패를 볼 수 있어 수록했다.

핫미디어와 쿨미디어의 판가름보다 더 중요한 것은 전통적인 미디어 카테고리가 무너지고 있다는 점이다. 이와 관련한 단어를 챙겨보는 것이 더 중요하다. 올드미디어와 뉴미디어의 구분이 있겠다. 올드미디어에 신문과 방송이 들어간다는 것은 다들 알고 있다. 하지만 무엇이 뉴미디어인가? PC로 기사를 보게 된 지가 벌써 20년이 넘었는데, 온라인 뉴스를 아직도 뉴미디어의 범주에 넣어야 할지도 의문이다. 이에 대해서 자신의 입장을 한 편의 완결된 글로 정리해 보기를 원한다.

또한 N스크린 시대의 방송 포맷이나 웹드라마 등 미디어 컨버전스 시대의 방송 정책이나 방송학 쟁점에 대해서도 기본서 등을 통해 알아두는 것이 좋겠다. 다가오는 미래에는 '모든 기기가 미디어고, 또는 미디어가 기기가 되는' 시대가 될 것이다. 기존의 용어들을 조합해 쓴다면 '만물 미디어 시대' 정도가 되지 않을까 싶다.

뉴미디어 시대가 됐다고 하더라도 보편적 가치는 다르지 않다. 언론의 금도는 신뢰다. 시간의 흐름 속에 영속적인(Timeless) 가치는 무엇일지에 대한 고민도 필요하다.

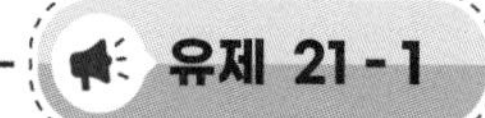
유제 21 - 1

올드미디어와 뉴미디어

[예상문제]

유제 21 - 2

MCN의 뜻을 쓰고, 핫미디어인지 쿨미디어인지 설명하라.

[2017 KBS 변형]

유제 21 - 3

미디어 컨버전스(Media Convergence)

[2017 KBS]

유제 21 - 4

웹드라마에 대해 예를 들어 설명하라.

[2016 경향신문]

"미디어는 메시지다(The Medium is the Message)"라는 매클루언의 말은 현대 미디어 환경에서 어떤 의미인가?

[예상문제]

참고문헌

웹은 핫미디어인가, 쿨미디어인가. 오마이뉴스 이강룡 기자. 2004-02-26

문제 22

엠바고(Embargo)와 오프더레코드(Off the record)의 차이에 대해 약술하라.

[2013 KBS]

답안

엠바고(Embargo)는 우리말로 '보도 유예 합의'로 번역될 수 있다. 기자와 취재원, 또는 기자단 사이의 합의가 될 수 있다. 국가적인 안위나 재난, 피해자의 신변 보호, 수사상 필요한 경우 등 취재원과 기자들이 합의한 시점까지 기자가 특정 정보를 보도하지 않는 행위를 말한다. 때로는 특정 이슈를 발표하는 기관에서 엠바고를 받아들이는 것을 조건으로 자료를 배포하는 경우도 많이 있다. 하지만 국민의 알 권리를 통제한다는 비판도 받고 있다.

오프더레코드(Off the record)는 언론인이 대화 내용 등 특정 정보를 보도하지 않는 것을 약속하는 조건으로 말을 해주는 경우다. 하지만 오프더레코드는 공익을 목적으로 파기되는 경우도 있다.

해설

언론인이 되겠다면 엠바고와 오프더레코드 같은 기본 개념을 모르기는 쉽지 않다. KBS에서도 일단 한 문제씩 맞고 시작하라는 취지로 출제하지 않았을까 싶다. 오히려 수험 목적에서는 파생되는 개념이나 논점에 대해 알아두는 것이 좋다. 우선 백그라운드 브리핑이 있겠다. 공식 브리핑이 끝나고 나서 대변인 등 당국자들이 기자들의 이해를 돕기 위해서 비공식적으로 배경 설명을 하는 것을 말한다.

10여 년 전과 같이 폐쇄적인 기자단이 아니라 블로거나 일반 국민과도 특종을 경쟁하는 시대가 된 마당에 이전의 엠바고 관행을 유지해야 하느냐는 비판도 있다. 물론 일리가 있는 말이다. 특히나 산업이나 경제 분야에서는 아무리 엠바고를 하고 입단속을 한다고 하더라도 해외 매체가 써버리면 그만이다. 기자실 출입 정지를 시킬 수도 없다. 역으로 OECD 등에서 배포한 자료에 대한 국제 엠바고가 국내 매체에 의해 깨지는 경우도 있다.

엠바고와 관련한 작문을 쓰는 수험생이 많다. 수험생들에게 귀감이 될 만한 칼럼이 하나 있다. 주간경향에 실린 이범준 경향신문 기자의 주간여적 칼럼이다. 일독을 권한다.

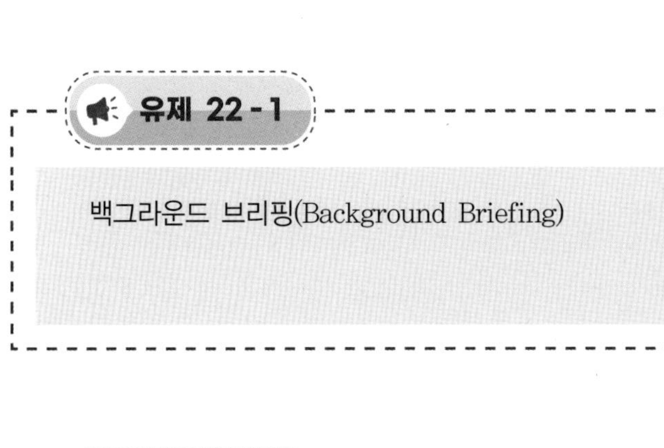

유제 22 - 1

백그라운드 브리핑(Background Briefing)

[예상문제]

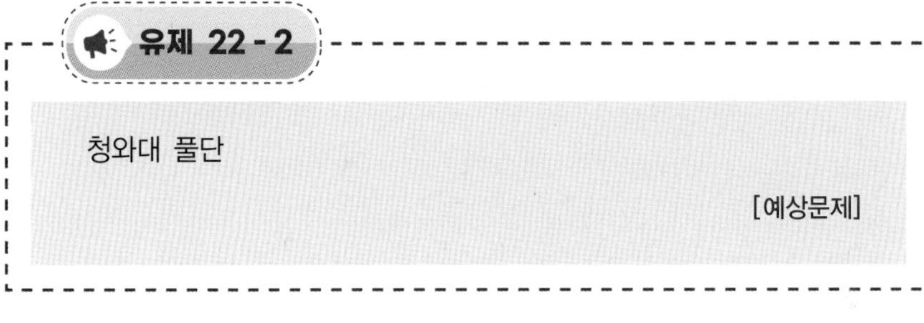

유제 22 - 2

청와대 풀단

[예상문제]

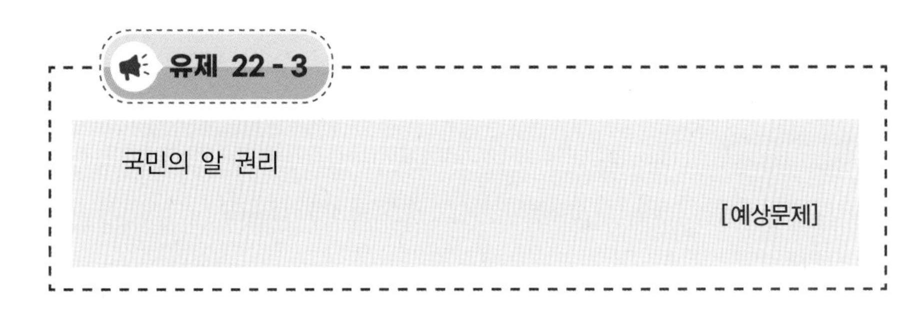

유제 22 - 3

국민의 알 권리

[예상문제]

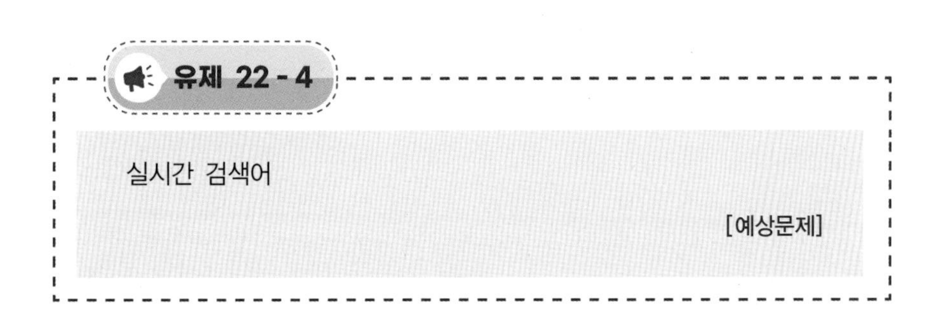

유제 22 - 4

실시간 검색어

[예상문제]

유제 22 - 5

출입기자제에 대해 아는 대로 쓰고, 자신의 입장을 근거를 들어 서술하라.

[예상문제]

유제 22 - 6

이재용 삼성전자 부회장의 형사사건 판결문을 공개한 오마이뉴스의 출입을 정지한 법조 기자단에 대한 자신의 생각을 서술하라.

[예상문제]

참고문헌

- 미디어 윤리(2013). 커뮤니케이션북스. 한양대 이재진 교수
- [주간여적] 엠바고. 주간경향 이범준 경향신문 기자. 2015-08-12

문제 23

허친스보고서와 언론의 자유에 대해 서술하라.

[2013 KBS 변형]

답안

미국 언론자유위원회(The Commission on Freedom of the Press)는 1947년 '자유롭고 책임 있는 언론(A Free and Responsible Press)'이라는 보고서를 발표했다. 이 보고서는 당시 위원회의 위원장인 시카고대 총장 로버트 허친스의 이름을 따서 흔히 '허친스보고서'라고 불린다.

허친스보고서는 1940년대 미국의 언론 자유의 위기에 대한 인식에서 시작되었다. 당시 신문 시장은 거대 자본의 소수 신문사에 의해 독과점된 상태였고, 이윤 추구를 위해 자극적인 범죄 기사나 추문・가십 등을 주로 다뤘다. 위원회는 이에 미디어가 시민의 권리와 공익을 지켜야 한다는 취지인 '사회적 책임(Social Accountability)'이라는 개념을 제시했다.

해설

미국 역사상 유례없는 언론 자유에 대한 논쟁으로 꼽히는 이 보고서는 '언론은 얼마만큼의 자유를 누려야 하느냐'는 의문에서 시작됐다. 1942년 위원회가 설립돼 미디어의 활약을 측정하고, 또, 언론의 자유와 책임에 대한 논의를 거쳐, 권고안 작업에 들어갔다. 보고서는 5년 뒤인 1947년 발간됐다. 위원회의 격론 끝에 '사회적 책임'이라는 개념이 제시됐다.

이 논의에 대해서 알기 위해서는 커뮤니케이션북스의 〈어카운터빌리티, 새로운 미디어 규범〉이라는 책을 공부하는 것이 좋다. 사회적 배경과 논의의 폭과 범위, 이후의 변화에 대해서 알 수 있다.

또한 이 보고서에서 명예훼손에 대해서는 민사소송을 통해서만 대응해야 한다는 주장이 흥미롭다. 충남대 이승선 교수는 〈표현 자유 확장의 판결〉에서 "허친스보고서에서는 자신의 기관이 비판을 받았다는 이유로 언론인을 명예훼손죄로 처벌하려는 발상은 공적인 논쟁을 억압하는 데 악용될 수 있다고 경고했다"고 서술했다.

'현실적 악의(실질적 악의 · Actual Malice)' 원칙에 대해서도 알아둘 필요가 있겠다. 역시 2010년 KBS에서 출제됐던 문제다. 현실적 악의는 1964년 발표된 원칙으로, 허위라는 사실을 언론인이 알았거나, 또는 허위인지 여부에 대해 언론이 무모할 정도로 무시했다는 점을 소송 제기 당사자가 입증해야 손해배상을 받을 수 있다는 이야기다. 50년도 지난 이야기인데 지금의 언론 현실에서도 시의적절한 이야기 같이 들려 씁쓸하다.

유제 23 - 1

실질적 악의(Actual Malice)라는 개념에 대해 서술하고, 한국의 보도로 인한 명예훼손 처벌과 비교해 서술하라.

[2010 KBS 변형]

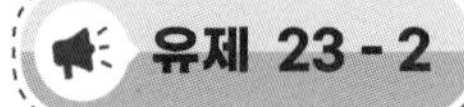

유제 23 - 2

사회적 책임(Social Accountability)

[예상문제]

유제 23 - 3

1986년 9월 9일 보도지침 사건에 대해 서술하라.

[예상문제]

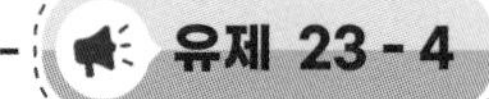

유제 23 - 4

파나마 페이퍼

[예상문제]

유제 23 - 5

언론에 대한 정치권의 징벌적 손해배상제 논의에 대해 아는 대로 쓰고, 본인의 입장을 논하라.

[예상문제]

참고문헌

- 시카고대 출판부 홈페이지 내 'A Free and Responsible Press'
- 어카운터빌리티, 새로운 미디어 규범(2015). 커뮤니케이션북스. 정수영 한양대 교수
- 표현 자유 확장의 판결(2013). 커뮤니케이션북스. 이승선 충남대 교수

문제 24

BBC 트러스트 · NHK 경영위원회 · ARD 방송평의회의 공통점에 대해 쓰라.

[2013 KBS 변형]

답안

세 기관 모두 공영방송의 공공성, 공익성, 정치적 독립성 등을 보장하기 위한 방송사 내부 감독기구다. 대개 과학 · 예술 · 학술 등 각 분야의 전문가나 지역 시민사회 대표, 법률가 등이 모여서 감독기구를 구성한다. BBC의 경우 이사회 격인 BBC 트러스트는 문화부 장관이 추천해 국왕이 임명한다. NHK 경영위원회는 분야별 전문가 또는 지역 대표자 12명을 총무성이 추천하면 중의원과 참의원 동의를 거쳐 총리가 임명한다. ARD 방송평의회는 다양한 계층과 직업을 가진 인사들이 5년간 활동한다. 사내 감독기구에서 독립적이고 공정한 감시를 통해 공영방송의 존립을 뒷받침하겠다는 취지다.

BBC 트러스트, NHK 경영위원회, ARD 방송평의회 등 이들 세 기구 모두 방송의 공영성 · 공공성 · 정치적 독립성 등 공영방송의 투명하고 독립적인 경영을 보장하는 의결 및 감시 기구다. 사장 선임과정에서도 이들 기구는 정부의 입김이 작용하지 않는 다양성 기반의 공정하고 독립적인 선발을 한다.

해설

KBS 이사회에 관한 이슈는 꾸준히 출제된다. 참고로 KBS는 여당 측 이사 7명과 야당 측 이사 4명으로, MBC의 대주주(70%)인 방송문화진흥회는 여당 측 6명, 야당 측 3명으로 구성된다.

사장 임명 과정도 알아둘 필요가 있다. 한국방송공사법에 따라 설립된 공영방송 KBS는 이사회가 사장 후보자를 대통령에게 임명 제청하면 대통령이 최종 임명한다. 이명박 정부 당시 전 정권(참여정부)에서 임명한 정연주 사장의 해임을 두고 '임명'이냐 '임면을 포함한 개념이냐'에 대한 논란이 있었다.

MBC는 구조가 주식회사다. 서울 MBC는 방송문화진흥회가 70%, 정수장학회가 30%의 지분을 갖고 있다. 이 때문에 서울 MBC의 사장은 방송문화진흥회에서 임명한다. 지역 MBC 사장은 서울 MBC 사장이 방송문화진흥회와 협의해 임명해왔다.

이 때문에 KBS와 MBC는 필요에 따라 독립성을 강조해온 적이 많다. 정부의 간섭이 심하다 싶으면 국영이 아닌 '공영방송'으로서의 존재에 대해서 강조하고, 독립경영에 방점을 찍은 리포트를 내보내기도 한다. 하지만 미디어 업계에서는 두 방송이 매번 정권이 바뀔 때마다 정치권의 영향을 많이 받는다는 비판을 하기도 한다. 참고로 연합뉴스의 지배구조도 알아둘 필요가 있다. 연합뉴스는 뉴스통신진흥회(30.77%), KBS(27.77%), MBC(22.3%)가 대주주다.

그런 점에서 BBC나 NHK 등의 지배구조에 대한 논의가 수험에 주로 도입됐었다. 두 방송 모두 훌륭한 공영방송으로서, 독립적인 내부 감독기구를 두고 있기 때문이다. 우리나라처럼 대통령이 바뀌었다고 해서 코드에 맞는 사장이 낙하산으로 오고 또 그 사장을 반대하는 사람을 징계하는 등의 일은 거의 없다.

하지만 이들 기관도 논란이 없는 것은 아니다. 동아일보에 따르면, 2015년 영국 정부는 방송사 인사와 사업 예산을 감독해온 BBC 트러스트를 해체하고 이를 오프콤(한국의 방송통신위원회 격)에 넘기는 방안을 추진했다. 이어 2016년 영국 문화부가 발행한 BBC 백서에서도 BBC 트러스트를 대체하는 새로운 집행위원회를 구성하는 방향을 정했다. 이에 대해 기존의 경영과 감독 분리 기조를 망가뜨리는 것 아니냐는 비판도 있다. 자세한 내용은 참고문헌 중 한겨레 기사 등을 참고하라. NHK 경영위원회의 경우에는 아베 신조 총리의 코드에 맞춘다는 비판이 있다.

특히 독일 공영방송의 자부심은 대단하다. 필자가 아시아유럽재단(ASEF) 저널리스트 콜로퀴움에서 만났던 DW의 한 기자는 공정한 방송이라는 것은 당연한 가치라는 신념에 흐트러짐이 없었다. 한국의 언론사에서 공정보도위원회 등 노동조합 차원의 사내 감시기구가 있는 것에 대해서 약간은 이해를 하지 못하는 반응도 보였다. 솔직히 약간은 부러웠다.

프랑스 CSA · 영국 Ofcom · 미국 FCC 등의 공통점에 대해 쓰라.

[2012 KBS 변형]

유제 24 - 2

Show, not tell

[예상문제]

안심Touch

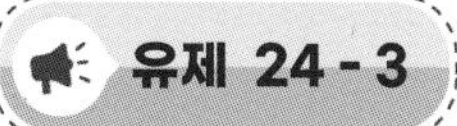

유제 24-3

방송평가의 목적에 대해 쓰라.

[예상문제]

유제 24-4

감시견(Watchdog)

[예상문제]

유제 24-5

BBC가 보도의 핵심 가치로 삼고 있는 '적절한 불편부당성(Due Impartiality)'은 어떤 의미인가? 절대적인 중립성과의 차이는?

[2017 KBS 변형]

참고문헌

- 불공정 보도 논란 BBC… 英정부, 외부서 통제 추진. 동아일보 이설 기자. 2015-06-27
- 새로운 영국 총리와 문화부장관. 기자협회보 김지현 골드스미스 런던대 문화연구 박사과정. 2016-08-03
- 'BBC 트러스트' 폐지… 공영방송 모델 변화 주목. 한겨레 최원형 기자. 2016-05-30
- BBC가 요리 레시피 서비스를 중단하는 이유. 기자협회보 김지현 골드스미스 런던대 문화연구 박사과정. 2016-06-22
- 공영방송은 누가 '지배' 하는가?. 미디어스 장성준 박사. 2016-07-21

문제 25

포털 뉴스에서 금하고 있는 '기사로 위장한 광고'에 대해 아는 대로 쓰라.

[예상문제]

답안

네이버와 카카오의 뉴스 제휴를 다루는 뉴스제휴평가위원회에서는 기사로 위장한 광고 전송을 금하고 있다. 기사로 위장한 광고란 외견상 기사 형식을 띠고 있으나, 특정 상품이나 서비스의 구매를 유도하는 이미지·가격·판매처 등의 관련 정보 전달을 주목적으로 하는 콘텐츠를 말한다. 특히, 업체의 판매 전화번호나 홈페이지 주소를 명시하거나, 국민의 건강과 밀접히 관련되는 상품 등에 대해 객관적 근거나 언론사의 비교·평가·분석 없이 해당 업체가 제공하는 정보만을 일방적으로 전달하는 경우가 대표적인 예로 꼽힌다. 포털에서는 이런 기사에 대해 벌점으로 제재하며, 언론이 포털에서 퇴출될 수도 있다.

해설

당초 이 파트는 지상파 방송사의 중간광고와 광고총량제에 대한 내용이었다. 하지만 KBS의 방송학개론이 폐지되고 오늘날 미디어 관련 언론사 시험 경향의 축이 디지털로 이동하는 상황에서, 광고 역시 디지털 쪽에 방점을 찍어야 한다는 생각에 대표 문제를 교체하게 됐다. 또한 중간광고 논란 역시 방통위가 허용하기로 의결하면서 사실상 논의가 끝났다.

방송사에 지원하는 지원자들은 그동안 지상파 광고 규제 완화에 대해서 맥을 짚는 것이 좋겠다. 1973년 지상파 방송사에서 중간광고가 금지된 이후, 2015년 광고총량제가 시행됐다. 광고총량제란 광고의 총 허용량만 제한하고 시간이나 횟수, 형태 등을 방송사 자율에 맡기는 방식이다. 이후 2010년 가상광고와 간접광고(PPL)가 허용됐다. 2016년 분리편성광고(PCM)가 도입됐다. 프로그램을 1부와 2부로 나눠 중간에 광고를 넣는 것으로 꼼수라는 비판도 있었다. 이런 규제 완화의 정점을 찍는 것이 2021년 3월 방송통신위원회가 의결한 지상파 중간광고 허용이다. 국무회의 의결을 거쳐 시행 예정이다.

최근 언론계에서 논란이 되는 것은 '기사로 위장한 광고'이다. 국내 양대 포털인 네이버와 다음에서는 기사로 위장한 광고를 포털에 전송하는 것을 금하고 있다. 쉽게 말해 포털 뉴스에는 정보와 뉴스만 와야 하는데, 광고성 기사를 보내 소비자의 효용을 떨어뜨린다는 이야기다. 기사로 위장한 광고가 한 건 적발될 때마다 언론사는 벌점 0.2점을 맞으며, 벌점이 6점에 달하면 퇴출 심사(재평가)를 받아야 한다. 언론사로서는 억울한 노릇이지만, 소비자 단체를 중심으로 광고성 기사에 대한 제재의 목소리가 높은 것 역시 엄연한 현실이다.

간접광고를 예시를 들어 설명하라.

[2010 KBS 변형]

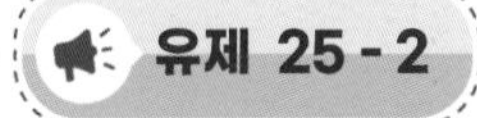

방송광고의 등급 체계에 대해 200자로 쓰라.

[2012 KBS 변형]

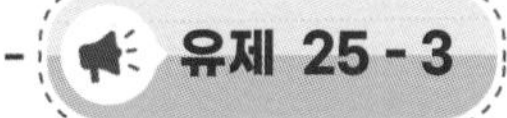

스테이션 브레이크(Station Break)

[2014 KBS 기획행정]

스마트미디어렙(SMR)의 사업 전략에 대해 쓰라.

[2015 SBS 방송경영 변형]

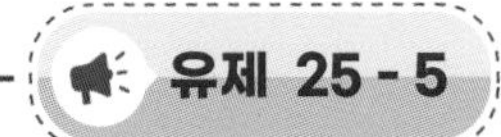

유제 25 - 5

지상파와 종편의 미디어렙 제도에 대해 약술하라.

[2015 언론재단, 2012 SBS 방송경영 변형]

유제 25 - 6

인포머셜(Informercial)을 예를 들어 설명하라.

[2014 언론재단 변형]

유제 25 - 7

네이티브 광고(Native Ad)

[예상문제]

유제 25 - 8

업프런트(Upfront)

[예상문제]

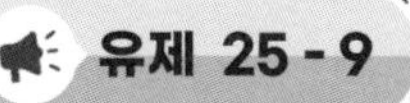

브랜디드 콘텐츠

[예상문제]

PCM(Premium Commercial Message)

[2017 KBS]

참고문헌

- 최성준 “지상파 광고총량제 모든 의견 수렴”… 도입 의지 재확인. 이데일리 김현아 기자. 2015-04-07
- [로터리] 인포머셜과 인폴루션. 서울경제 윤창형 금융연구원장. 2013-10-06
- 방통위, 3개 종편 미디어렙 신규 선정. 아이뉴스24 백나영 기자. 2014-02-28
- ‘복면가왕’과 ‘진짜사나이2’ 사이 변칙 중간광고 등장. 미디어오늘 정철운 기자. 2016-03-31
- 페이스북, 네이티브 광고 대폭 허용. 지디넷코리아 김익현 기자. 2016-04-10
- 〈게시판〉 코바코 ‘업프런트 판매설명회’ 개최. 연합뉴스. 2016-02-24

가상현실과 증강현실의 차이를 약술하라.

[2010 · 2016 SBS PD 변형]

답안

가상현실(VR ; Virtual Reality)은 디지털 기기를 통해 사용자가 가상의 장소에서 실제로 있는 것처럼 느끼게 하는 시청각 기술이다. 이는 헤드셋이나 360도 카메라 등의 장비에 활용되고 있다. 전쟁 현장을 미리 체험하게 하는 군사적 용도에서 시작해 의료 · 오락 · 관광 등 다양한 분야에도 접목되고 있다. 비행기 시뮬레이터에서 시작해 머리에 쓰는 디스플레이(Head-mounted Display) 등의 형태로 발전했으며, 지금은 헤드셋 기기와 조이스틱 등 디바이스를 접목해서 쓰는 경우가 많다.

증강현실(AR ; Augmented Reality)은 현실의 영상에 가상의 영상을 결합하는 방식이다. 조선비즈에 따르면, "기술 · 정보 · 코드 등을 통해 현실과 가상현실이 합쳐지고, 이에 따른 형상이 특정 공간과 시간 속에서 구현되는 것"이다. 포켓몬GO처럼 현실의 영상에 피카츄를 잡는 영상을 덧입히는 게임의 형태에서, 인간의 시청각 등 생체능력을 증강하는 방식으로까지 구현될 수 있다고 조선비즈는 강조했다.

안심Touch

해설

VR은 영상 미디어 업계에서 화두 중의 화두다. 한경비즈니스에 따르면, 2016년 1월 골드만삭스는 보고서를 내고 "VR이 각 분야의 기존 비즈니스 모델을 바꿀 수 있고, 부동산 중개 시장과 유통 업계의 점포 운영 방식 등이 큰 영향을 받을 것"이라고 분석했었다.

현행 VR 기술은 360도 전방위 촬영이 가능한 영상이나 컴퓨터 그래픽을 통해 콘텐츠를 제작하고 이를 수용자에게 전달하는 방식이다. 같은 맥락으로 VR 저널리즘이라는 분야도 개척되고 있다. 시청자는 VR 전용 기기를 통해 더 실감나고 현장감 있는 보도 영상에 접근할 수 있다.

국내 언론계에서는 현재 VR이나 AR 활용이 그리 활발하지는 않은 편이다. 조선일보가 2016년 VR 전용 모바일 앱 'VR조선'을 선보였다. 당시 구글에서 '올해를 빛낸 혁신적인 앱' 상도 받았지만, 지금은 서비스하고 있지 않다. 하지만 기술의 발달과 시장상황에 따라 VR은 언제든 미디어업계에 변화를 줄 기술이 될 수 있다. 수험생으로서는 촉을 놓지 않아야 할 대목이다.

AR은 2010년만 하더라도 미래기술 중의 하나로 치부되는 수준이었는데 스마트폰의 발전과 함께 현실에 빠르게 녹아들었다. 대표 애플리케이션 격인 '포켓몬GO'를 빼놓고 이야기할 수 없겠다.

참고로 AR과 VR을 섞은 개념도 있다. 융합현실(Merged Reality) 또는 혼합현실(Mixed Reality)이라는 개념으로 쓴다. 조만간 한 번은 나올 테니 기억해 두자.

유제 26 - 1

융합현실(Merged Reality) 또는 혼합현실(Mixed Reality)에 대해 논하라.

[예상문제]

유제 26 - 2

팝콘 브레인(Popcorn Brain)에 대해 아는 대로 쓰라.

[2015 KBS 예능드라마PD]

유제 26 - 3

대학 강의에도 가상현실, 증강현실, 혼합현실이 적용되는 시대다. 이를 방송뉴스에 적용할 방안에 대해 논하라.

[예상문제]

IoT에 대해 서술하고, 향후 발전 가능성에 대해 쓰라.

[2014 EBS 변형]

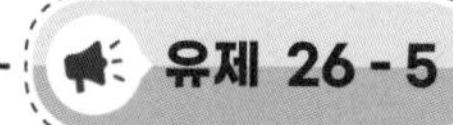

헤드 트래킹(Head Tracking)과 아이 트래킹(Eye Tracking)

[예상문제]

참고문헌

- 네이티브 광고, 신문업계 구원투수 될까. 기자협회보 김창남 기자. 2016-08-23
- 조선일보, 가상현실 저널리즘 선보여. 뉴시스 장윤희 기자. 2016-01-29
- 부동산 중개에서 포르노까지 'VR 콘텐츠 혁명'. 한경비즈니스 조현주 기자. 2016-07-26
- 멀티미디어-가상현실. 네이버캐스트 이재현 서울대 교수.
- [기자 추천 도서] 브렛 킹의 '증강 현실'. 조선비즈 이경신 기자. 2016-09-15

문제 27

경마 저널리즘에 대해 약술하라.

[2014 KBS 변형]

답안

전북대 박주현 신문방송학과 겸임교수가 권혁남 전북대 신방과 교수의 책 〈미디어 정치 캠페인〉을 재인용한 것에 따르면, 경마 저널리즘은 어떤 후보의 정치적 특성·배경 또는 이슈·정책에 대한 보도보다는, 투표율 예측이나 여론조사 판세 보도, 지역별 분위기, 선거자금, 정치적 지지에 대한 내용을 중심으로 기사를 쓰는 보도 방식을 말한다. 경마를 중계하듯이 선거 레이스를 따라가면서 지지율이나 득표율 등을 집중 보도하는 것을 빗댄 말이다. 이런 보도는 국민이 정치와 선거에 대해 알아야 할 정보가 부족해진다는 문제가 있다.

최근에는 선거 판세 보도 외에도 흉악범죄에 대해서 각 언론사가 경쟁적으로 속보 경쟁을 펼치는 것을 두고 경마 저널리즘이라고 비판을 하는 학자들도 있다. 흉악범죄의 원인이나 사회적 문제, 정책적 대안보다는 사건 속보에만 열을 올리는 보도 양태 때문이다.

언론이 경마 저널리즘에 빠지는 이유에 대해 정의철 상지대 언론광고홍보학부 교수는 시청률 지상주의(Rating Mindset)가 원인이라고 봤다. PD저널의 보도에서 정 교수는 "한국 언론의 현주소는 남보다 앞서 보도하는 것을 중시한 나머지 선정적이고 자극적인 보도를 하면서도 그에 대해 자성할 시간은 갖지 않는 경마 저널리즘 그 자체"라고 말했다.

해설

이번 문제에서는 단순히 경마 저널리즘이라는 단어를 이해하는 것이 목적이 아니다. 경마 저널리즘(경마식 보도)은 이미 출제됐고, 당장 다시 나올 가능성은 높지 않다. 문제는 'OO 저널리즘'이라는 단어들이 꽤 많다는 사실이다. 가차 저널리즘, 그래프 저널리즘, 퍼블릭 저널리즘, 뉴 저널리즘, 하이에나 저널리즘, 블랙 저널리즘, 비디오 저널리즘, 스트리터 저널리즘, 센세이셔널리즘, 크로니 저널리즘, 옐로 저널리즘, 제록스 저널리즘, 파라슈트 저널리즘, 하이프 저널리즘, 로봇 저널리즘, 소셜 저널리즘 등 다양하다. 이 중에 모르는 단어가 있으면 당장 찾아보도록 하자. 시류에 따라 어떤 개념이 출제될지 모르는 일이다.

그중에서 팩 저널리즘은 지난 2015년 EBS에서 출제된 문제다. 기자들이 떼로 몰려다니는 행태를 표현하는 개념이다. 기업 홍보실이나 정부 대변인실의 보도자료를 일괄적으로 베끼는 행위가 팩 저널리즘의 대표적인 예로 꼽힌다. 옐로 저널리즘은 한국어로는 '황색 저널리즘'이 더 낯익은 표현이다. 옐로 저널리즘 같은 용어는 풀이보다는 방송학 관련 논술로 나올 수 있겠다.

좀 다른 이야기지만 백팩 저널리즘이라는 단어도 있다. 2010년대 초반 당시 언론계에서 회자된 단어다. 한 명의 기자가 취재도 하고, 글도 쓰고, 사진도 찍고, 영상도 찍고, 리포트도 할 수 있다는 개념으로 풀이된다. 현업에서 일하는 기자 입장에서는 그리 유쾌한 근무 환경은 아니다.

팩 저널리즘(Pack Journalism)

[2015 EBS]

유제 27 - 2

가차 저널리즘(Gotcha Journalism)

[예상문제]

유제 27 - 3

하이에나 저널리즘(Hyena Journalism)

[2015 제주MBC]

유제 27 - 4

체크북 저널리즘(Checkbook Journalism)

[2010 청주MBC]

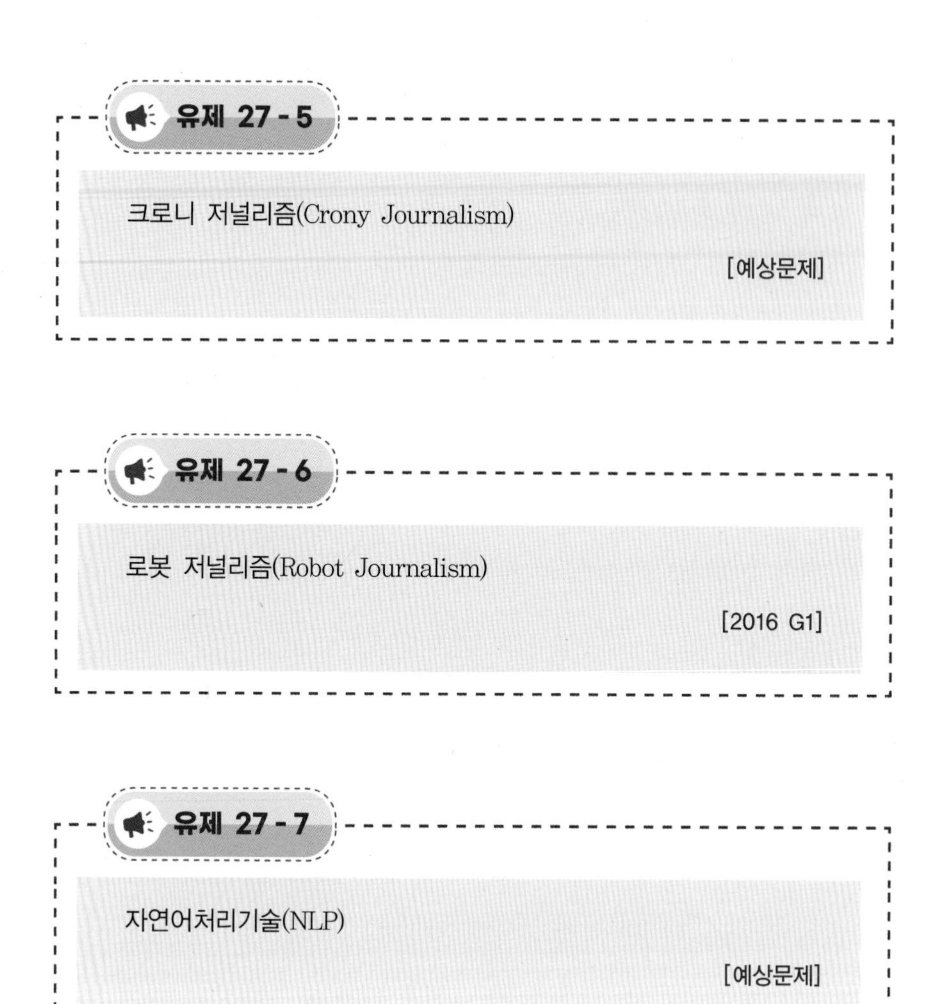

유제 27 - 5

크로니 저널리즘(Crony Journalism)

[예상문제]

유제 27 - 6

로봇 저널리즘(Robot Journalism)

[2016 G1]

유제 27 - 7

자연어처리기술(NLP)

[예상문제]

참고문헌

- 상품 전시하듯 '아동 학대' 내용 보도하는 언론. PD저널 하수영 기자. 2016-08-24
- 선거보도의 열 가지 편향(2015). 커뮤니케이션북스. 박주현 전북대 신문방송학과 겸임교수
- 미디어 정치 캠페인(2014). 커뮤니케이션북스. 권혁남 전북대 신문방송학과 교수

문제 28

4K UHD TV와 3D TV에 대해서 설명하라.

[2015 KBS, 2013 EBS 변형]

답안

초고화질(UHD ; Ultra High Definition) TV는 이른바 'HD급' 등으로 불리던 고화질(HD) TV보다 한 단계 발달한 영상 기술 표준을 말한다. 이성규 기자에 따르면 "HDTV와 비교할 수 없는 화질・음향・시야각 등을 제공하는 것이 특징으로, 디지털 영화관의 안방버전이라 해도 과언이 아니다"라고 한다. 단순히 화면 해상도만 놓고 보더라도, 풀HD급이 1920×1080 수준의 해상도라면, 4K UHD TV는 3840×2160, 8K UHD TV는 7680×4320의 해상도다. 8K UHD가 4K UHD보다 4배 더 선명하다.

3D TV는 사람의 눈이 2개의 영상을 보면서 조금씩 다른 각도로 원근감을 인식하는 것에서 착안한 기술이다. 김영우 기자는 네이버캐스트에서 "양쪽 눈에 각각 다른 각도의 영상을 보여줘서 실제로 사물을 보는 듯한 입체감을 주는 것"이라고 설명했다. 하지만 3D TV는 2016년 들어서 퇴출 분위기다. 전자신문에 따르면, 삼성전자는 2016년부터 신제품 TV에 3D 기능을 탑재하지 않았다. LG전자는 3D 탑재 비율을 전년의 절반 수준으로 줄였다. 전자신문은 "초고화질(UHD)이 TV의 핵심 차별화 기술로 부상하고, 가상현실 등 대체 기술이 등장한 것에 따른 것"으로 분석했다.

해설

3D TV와 UHD TV는 각각 이미 출제된 문제들이다. 하지만 두 개를 엮어서 풀이한 것은 논술 등에서 나올 수 있는 맥락에 대한 대비겠다. 각종 기술에 대해 단편적으로 암기하기보다는, 기술에 대한 개괄과 주요 콘텐츠, 국내외 현안에 대해 먼저 공부를 한 뒤 미디어 정책 측면에서 이해하려고 해야 한다. 3D TV가 몰락한 과정을 통해 VR 콘텐츠의 전략과 대안을 제시할 수도 있는 것이고, UHD 방송 시험제작에 대해 자신만의 제언을 끌어낼 수도 있기 때문이다.

이와 별도로 TV 영상 기술이나 관련 규제에 대한 꾸준한 관심이 필요하겠다. 디지털 TV나 스마트 TV 같은 기본적인 개념에서 시작해, TPS(초고속인터넷 + 집전화 + 방송상품 등 3가지 서비스를 결합한 상품) 같은 결합상품에 대한 관심도 꾸준히 가져야 한다. 최근에는 초고속인터넷 + 집전화 + 방송상품 + 이동통신까지 결합한 QPS 상품도 많이 나온다. 방송과 통신은 오늘날 사실상 한 몸이 된 상태이기 때문이다. 기회가 된다면 스터디그룹 내에서 1명이 전자신문이나 디지털타임스를 정기 구독해, 신문 스크랩해서 매주 발표하는 식으로 공유하기를 권한다.

전혀 상관없는 이야기지만, 이번 파트를 계기로 IPTV 특별법과 '유료방송 동일 규제'에 대해서도 공부하기 바란다. 방송정책 측면에서는 의미 있는 포인트다.

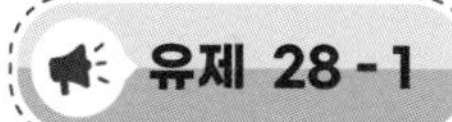

디지털TV와 스마트TV

[예상문제]

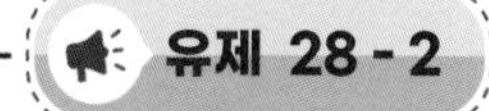

인터넷 멀티미디어 방송사업법(IPTV법)은 왜 폐지됐는지, 유료방송 동일규제라는 측면에서 약술하라.

[2011 KBS 변형]

로지(ROSY)

[예상문제]

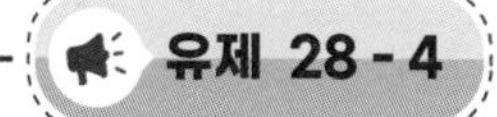

QPS(Quadruple Play Service : 4종 결합상품)

[2010 KBS 변형]

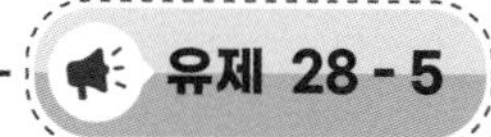

유제 28 - 5

김정은 북한 국무위원장이 정상회담차 서울을 방문한다. 공영방송은 어떻게 보도해야 하는가?

[예상문제]

참고문헌

- IPTV특별법 역사속으로… 유료방송 동일규제 시대 열린다. 디지털데일리 채수웅 기자. 2015-11-24
- 3D TV 역사속으로 사라진다… 삼성・LG 사업 대폭 축소. 전자신문 권건호 전자산업전문기자 외. 2016-02-05
- '4배 더 선명한 8K' 日 UHD 공동전선… 한국은?. 머니투데이 이정혁・진달래 기자. 2016-08-26
- 콘텐츠 제작비 2배… '3D TV 몰락' 전철 밟을 수도. 한국경제 고재연 기자. 2016-04-09
- IT세상-3D TV. 네이버캐스트 김영우 IT동아 기자
- 용어로 보는 IT-UHD TV. 네이버캐스트 이성규 블로터 기자

문제 29

KBS WORLD TV와 KBS WORLD RADIO에 대해 쓰라.

[2014 KBS 변형]

답안

KBS WORLD TV는 KBS가 전 세계를 대상으로 운영하는 24시간 국제 위성방송 서비스다. 한국어로 방영되며 영어・일본어・말레이어 등 지역별로 7가지 외국어 자막이 입혀진다. 2003년 7월 1일 첫 방송을 했고, 미국・일본・중국 등 100개국에서 시청자 2억 6,000만 명을 대상으로 방영된다. 프로그램은 KBS1・2 TV의 주요 프로그램을 활용해 자체 편성한다. 시청 대상은 전세계에 있는 700만 동포와 한류에 관심이 있는 현지인들이다. 장르별로는 드라마 48%, 예능(음악 포함) 42%, 교양・다큐멘터리 5%, 보도 5% 등이다. 본방송이 40%, 재방송이 60%다.

KBS에서 운영하는 글로벌 라디오채널 중에는 KBS WORLD RADIO도 있다. 다국어로 방영되는 KBS의 공영 국제 라디오 방송이다. 전세계에서 FM・AM・단파 등으로 방송되고, 별도로 인터넷으로도 들을 수 있다. KBS 홈페이지에 따르면, 1953년 8월 15일 개국한 '자유 한국의 소리(The Voice of Free Korea)' 15분짜리 영어 방송에서 유래한다. 이후 라디오 코리아, 라디오 코리아 인터내셔널로 바뀌었다가, 2005년 현재의 이름이 됐다. 현재는 한국어・일본어・프랑스어・러시아어・중국어・스페인어・인도네시아어・아랍어・베트남어・독일어 등으로 라디오 방송된다.

해설

이런 문제는 지원 회사 자체에 대한 공부를 평가하는 문제다. 지원하려는 회사에 대해서 계열채널은 무엇이고, 관련 매체는 무엇인지에 대해서 알고 가는 것은 성실한 지원자라면 당연히 해야 할 일이다. 예컨대 JTBC에 지원하는 언론고시생이라면 JTBC와 JTBC2, JTBC3 FOX SPORTS, JTBC GOLF의 채널 정체성과 차이에 대해서 알고 있어야 할 것이다. JTBC와 예능 프로그램을 공유하는 방송사가 JTBC2(구 QTV)이고, JTBC는 옛 J-GOLF이다. 마찬가지로 TV조선에 지원하는 지원자라면 비즈니스& 등 그동안 조선미디어그룹에서 진행한 방송 프로젝트의 연혁에 대해 알고 있어야 하고, SBS에 지원하는 지원자라면 SBS골프의 중계권 소유 현황을 챙겨보는 것이 좋겠다.

EBS 지원자라면 EBS의 계열채널에 대해서 알고 있어야 하는 것도 물론이다. 메인채널인 교양·교육·문화 채널 EBS1, 다채널(MMS) 방송으로 방과 후 학교와 특기적성교육·영어 콘텐츠 등을 내보내는 EBS2, 수능 전문채널 EBS 플러스1, 중학교 및 직업 전문채널인 EBS 플러스2 등이 있다. 이 외에도 영어교육채널 EBS 잉글리시, 어린이채널 EBS KIDS 등이 있다. 이 중에서 EBS1과 EBS2만 지상파고, 나머지는 유료방송 플랫폼에서 방영한다.

EBS의 계열채널에 대해 아는 대로 서술하라.

[2013 EBS 변형]

유제 29 - 2

MBC와 SBS의 계열채널(PP)에는 무엇이 있는가?

[예상문제]

유제 29 - 3

KBS 라디오 한민족방송

[예상문제]

유제 29 - 4

장애인방송 편성 의무

[예상문제]

SBS와 KNN의 관계는?

[예상문제]

참고문헌

- 국제방송의 역사와 유형(2014). 커뮤니케이션북스. 이진로 영산대 교수
- KBS WORLD 글로벌 애드 브로셔 2015-2016년 판

문제 30

줄띠 편성과 엇물리기 편성에 대해 예를 들어 설명하라.

[2013 KBS 전국 · 지역 변형]

답안

이영돈 PD의 저서에 따르면, '줄띠 편성은 1주일에 5회 이상 동일한 시간대에 동일한 프로그램을 띠로 편성하는 방법'이다. KBS2 〈여자의 비밀〉(월~금 오후 7시 50분~), SBS 〈사랑이 오네요〉(월~금 오전 8시 30분~) 등과 같이 일주일 동안 매일 같은 시간대에 배치되는 일일 연속극이 대표적인 줄띠 편성 프로그램으로 꼽힌다.

이영돈 PD는 또 엇물리기 편성에 대해 '경쟁사의 프로그램보다 조금 앞서 편성하거나, 상대방 프로그램 중간쯤에 센 프로그램을 내는 편성 전략'이라고 정의했다. 타 프로그램보다 2~5분 먼저 시작해 타 프로그램을 처음부터 못 보게 하는 방식이다. 최은경 한양대 교수는 최근 들어 지상파 리얼 버라이어티 예능 프로그램에서 엇물리기 편성이 선호되기도 한다고 봤다.

해설

편성은 만고불변의 출제 0순위 항목이다. 편성은 최근 6년간 각 방송사에서 한두 번씩은 다 나올 정도로 단골 출제였다. 유제에 주요 문제들과 생각해 볼 예상문제들을 소개했다. 편성에 대한 출제 범위도 전 분야에서 골고루 출제됐다. 이론상 주요 편성 기법에 대한 설명을 묻는 문제도 있었고, 방송 편성의 주요 방법에 대해 개괄적으로 알아야 하는 문제도 있었다. 비선형 편집에 대한 문제도 눈에 띈다.

따라서 현명한 수험생이라면 편성에 대해서는 기본서들에 나와 있는 주요 개념에 대해 달달 외울 정도로 숙지하는 것이 현명하다. 한 문제 정도는 약술로 나올 가능성이 있기 때문이다. 잘 준비한 학생들은 한 문제는 잡고 들어가는 셈이다.

편성 이슈에서 또 중요한 것은 오락 프로그램 비율이다. 흔히 언론이나 일반인들이 구분하는 TV 프로그램의 장르로는 보도 외에 시사교양・예능・드라마 등이 있지만, 방송법상 장르별 편성 비율을 따질 때는 보도・교양・오락 등 3가지로 따진다. 방송법 시행령에 정확한 정의가 있다.

- 보도 : 국내외 정치・경제・사회・문화 등의 전반에 관하여 시사적인 취재보도・논평 또는 해설 등의 방송 프로그램
- 교양 : 국민의 교양 향상 및 교육을 목적으로 하는 방송 프로그램과 어린이・청소년의 교육을 목적으로 하는 방송 프로그램
- 오락 : 국민 정서의 함양과 여가생활의 다양화를 목적으로 하는 방송 프로그램

이 중에서 장르 규제가 있는 것이 오락 프로그램에 관한 규정이다. 방송법 시행령 제50조 1항에는 "텔레비전 방송 프로그램 및 라디오 방송 프로그램의 경우 오락에 관한 방송 프로그램을 당해 채널의 매월 전체 방송시간의 100분의 50 이하로 편성할 것"이라고 규정돼 있다. '종합 편성을 행하는 방송사업자는'이라는 문구가 있으니 지상파 외에 종합편성채널도 이 규정을 따라야 한다.

종편이나 보도 PP가 아닌 케이블채널의 경우에는 주편성과 부편성이라는 개념도 알아두면 좋겠다. 케이블・위성 등에 방영되는 PP(방송채널사용사업자)는 각자가 전문 장르가 있다. 그 장르에 대한 내용(허가 또는 승인을 얻거나 등록을 한 주된 방송 분야의 방송 프로그램)을 80% 이상 방영해야 한다. 나머지 20%의 경우에도 교양이나 오락에 관한 프로그램으로 한정(영어 등 외국어로 국내체류 외국인에게 대한민국에 관한 정보제공을 목적으로 하는 채널 등 제외)한다.

2016년 방송통신위원회에서 종합편성채널과 지상파 방송사가 주시청 시간대(평일 오후 7~11시, 토・일・공휴일 오후 6~11시)에 보도 프로그램을 42%를 초과해 편성할 경우 방송사 재허가나 재승인 심사 때 감점을 주겠다고 한 점도 눈여겨봐야 할 대목이다. 방통위의 '2016년도 방송평가 세부기준 개정안' 의결로 생긴 가이드라인이다. 이는 종편채널에 보도 프로그램이 너무 많다는 지적이 반영된 것으로 분석된다. 주시간 시청대에 오락 프로그램의 비율이 60%를 넘어도 감점이 된다.

유제 30-1

협의의 편성과 광의의 편성의 차이에 대해 약술하라.

[2015 KBS 아나운서 · 라디오PD 변형]

유제 30-2

방송 편성의 주요 방법과 특징을 서술하라.

[2013 KBS 변형]

유제 30-3

블록 편성과 줄띠 편성을 MBC 프로그램을 예로 들어 설명하라.

[2011 MBC 편성PD 변형]

유제 30-4

실력 편성은 무엇인가?

[2011 MBC 편성PD 변형]

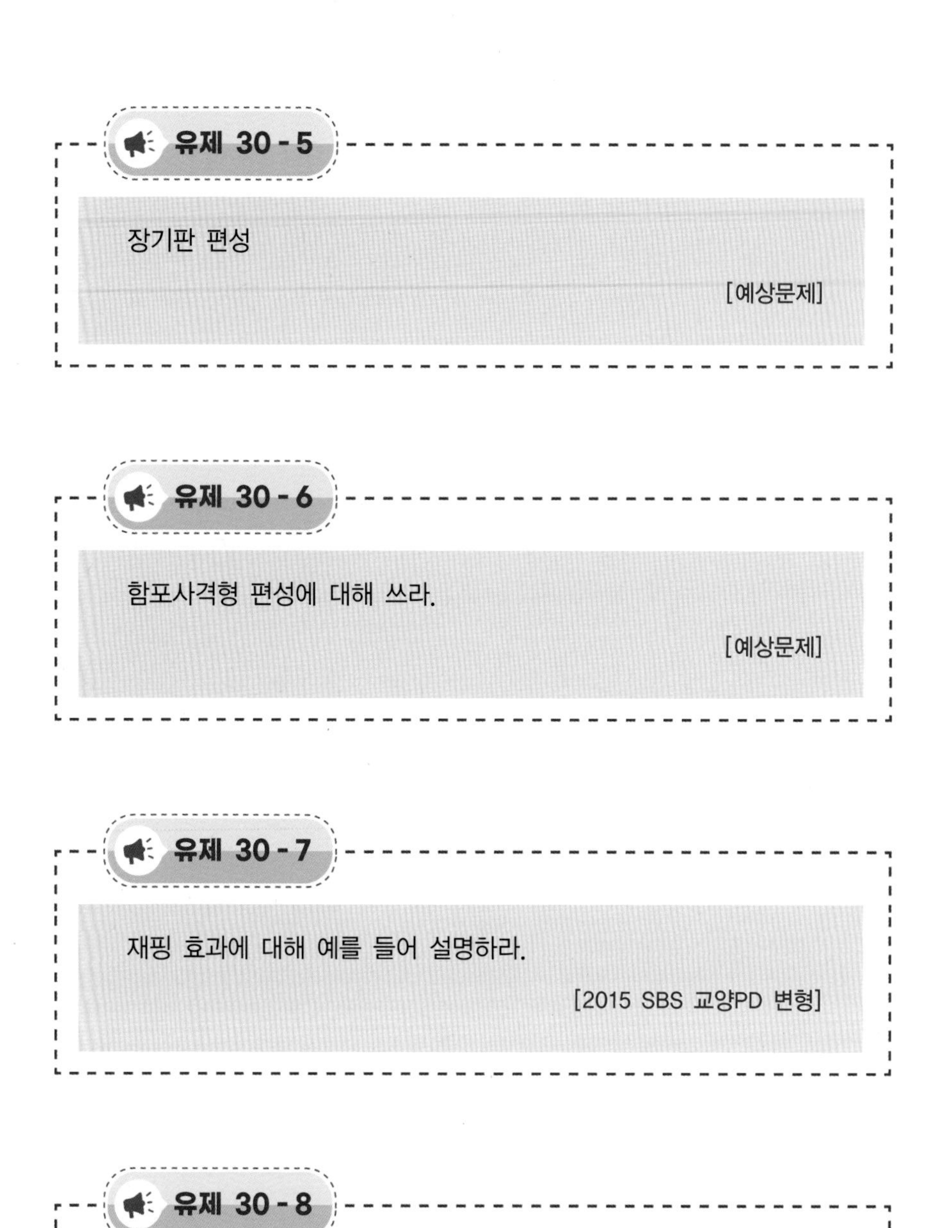

유제 30 - 5

장기판 편성

[예상문제]

유제 30 - 6

함포사격형 편성에 대해 쓰라.

[예상문제]

유제 30 - 7

재핑 효과에 대해 예를 들어 설명하라.

[2015 SBS 교양PD 변형]

유제 30 - 8

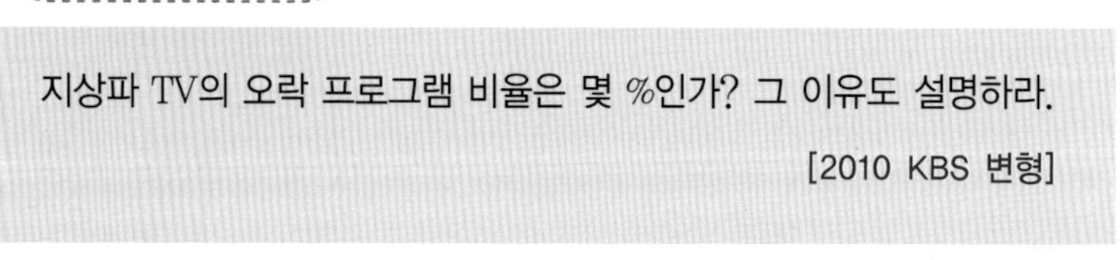

지상파 TV의 오락 프로그램 비율은 몇 %인가? 그 이유도 설명하라.

[2010 KBS 변형]

유제 30 - 9

선형 편집과 다른 비선형 편집의 특징에 대해 서술하고, 주요 프로그램에 대해서도 쓰라.

[2010 KBS, 2016 SBS 예능PD 변형]

참고문헌

- 방통위, 종편들 보도 편성 비율 42% 넘기면 감점. KBS 계현우 기자. 2016-08-11
- 영상 콘텐츠 제작 사전(2014). 커뮤니케이션북스. 이영돈 PD
- 사실적 텔레비전과 방송 편성 문화(2014). 커뮤니케이션북스. 최은경 한양대 교수
- 국가법령정보센터 홈페이지

문제 31

어뷰징(Abusing)에 대해 서술하라.

[예상문제]

답안

네이버 등 포털의 검색창에서 상단에 기사가 노출되기 위해, 동일한 기사를 재탕해서 출고하거나 일부 문구만 바꿔서 중복 기사를 송고하는 등의 행위를 뜻한다. 이 외에도 특정한 사건·사고가 발생했을 때, 전혀 관련 없는 연예인의 이름을 함께 제목에 넣어서 관심을 억지로 끄는 행위도 어뷰징의 유형에 꼽힌다. 이에 게임 등에서 본인의 주계정 외에 부계정을 여러 가지 써서 게임 환경을 교란하는 행위도 어뷰징에 포함되기도 한다.

네이버와 카카오는 어뷰징 등 온라인 기사의 폐해를 막고, 포털 뉴스 서비스의 공공성을 강화하기 위해 네이버-카카오 뉴스제휴평가위원회를 발족했다. 외부 전문가들의 평가에 따라 어뷰징이나 광고성 기사를 부적절하게 내보낼 경우 단계별로 제재를 받게 된다. 심의에 따라 퇴출까지 될 수 있다.

해설

어뷰징을 쉽게 말하면 기사 재탕, 낚시성 기사, 실시간 검색어 추종 기사 등 뉴스 소비자에게 불편을 주는 각종 행위를 말한다. 같은 기사를 다시 쓰거나 '복붙'하는 행동을 말한다. 어뷰징은 엄밀하게 말하면 방송학의 영역은 아닐 것이다. 디지털 뉴스의 영역이다. 국내에서 어뷰징이 생겨난 이유는 간단하다. 검색 시장의 대부분을 장악하고 있는 네이버의 실시간 검색어 순위를 잡기 위해서다.

당장 인터넷 뉴스팀에서 근무해 보면 실시간 검색어 순위의 위력을 절감한다. 실시간 검색어만 잘 활용하더라도 기사 클릭의 3분의 1가량이 실시간 검색어로 인해 유입된다. 어떤 기사들은 클릭수의 대부분이 실시간 검색어일 때도 있다. 이런 상황에서 '검색어 기사'에 대한 욕구가 안 생길 수가 없다. 그래서 어뷰징을 한다. 다행히 네이버가 실시간 검색어 기능을 전격 폐지하고, 검색어 남용에 대해 사실상 철퇴에 가까운 규제안을 만들면서 이런 어뷰징은 거의 사라졌다.

이용자 입장에서는 그리 유쾌한 일만은 아니다. 당장 내가 궁금한 사람이나 사물에 대해 키워드를 네이버 뉴스탭에 검색했는데, 같은 기사가 베낀 듯이 쭉 몇 페이지씩 나타난다면 기분이 좋지는 않을 것이다. 게다가 기사를 찾아보는 시간도 오래 걸린다.

그래서 나온 것이 네이버와 카카오가 설립한 뉴스제휴평가위원회다. 어뷰징 등으로 벌점이 누적되면 포털에서 퇴출될 수 있다. 시기마다 규제 방법이 세부적으로 달라지니 확인이 필요하다.

어뷰징은 언제든지 미디어 관련 논술 이슈로도 출제될 수 있는 문제다. 관련된 개념들을 참고하기 바란다. '포털사이트는 언론인가' 같은 문제는 언제든지 다시 출제될 수 있으니 참고해야 하겠다.

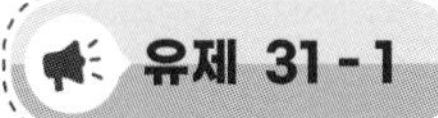

김의겸 의원의 포털 관련 발의 법안에 대해 본인의 의견을 쓰라.

[2010 KBS]

유제 31 - 2

클라우드 서비스에 대해 약술하라.

[2013 MBN PD, 2012 KBS 방송기술 변형]

유제 31 - 3

푸시 알림을 예를 들어 설명하라.

[2011 KBS 변형]

뉴스제휴평가위원회

[예상문제]

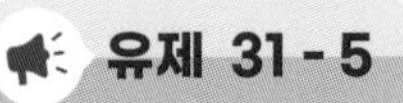

유제 31 - 5

포털사이트는 언론인가? 자신의 입장을 근거와 함께 논하라.

[2015 SBS 변형]

유제 31 - 6

네이버 뉴스 기사배열 공론화 포럼에 대해 서술하라.

[예상문제]

참고문헌

- ‘헉’ · ‘충격’ 뉴스 어뷰징 어떻게 해결할까. 연합뉴스 이슬기 기자. 2016-04-14
- [종합] 어뷰징 · 광고기사 많은 언론사 포털 뉴스서 퇴출. 장윤희 뉴시스 기자. 2016-01-07
- ‘기승전유승옥’ 기사까지… 바닥 친 ‘어뷰징’. 한겨레 최원형 기자. 2015-07-28

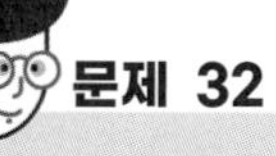

문제 32

방송 프로그램 등급제는 무엇이고, 어떤 것이 있는가?

[2010 KBS 변형]

답안

방송 프로그램 등급제는 어린이와 청소년을 유해한 내용에서 보호하기 위한 제도다. '방송 프로그램의 등급분류 및 표시 등에 관한 규칙'에 따르면, 방송 프로그램 등급은 현행 ① 모든 연령 ② 7세 이상 ③ 12세 이상 ④ 15세 이상 ⑤ 19세 이상 등으로 구분돼 있다. 보도・생활정보・시사대담 등 일부 장르에 대해서만 방송 프로그램 등급제가 적용되지 않는다. 분류 기준은 주제・폭력성・선정성・언어 등 4가지다.

해설

앞서 나온 문제 19의 방송심의 부분과 연관해 공부해야 한다. 방송심의는 자주 출제되지는 않지만, 중요한 분야이다. 따라서 기본서를 중심으로 주요 포인트를 체크해야 한다. 특히 종편이나 지상파 등에서 오락 등 프로그램의 등급이 '15세 이상'으로 쏠리는 점에 대해서는 체크를 해 둬야 한다. 역으로 말하면 어린이와 함께 볼 수 있는 방송 프로그램이 적다는 이야기이기도 하다.

수험의 목적으로 청소년 보호 시간대나 V칩(Violence Chip) 같은 연관 개념에 대해서 알아두는 것도 좋은 공부법이겠다.

또 지상파 방송사들과 각 종합편성채널에는 심의실이 있다. 주된 역할은 각 프로그램에 대한 사전・사후 심의, 방통위 등 규제기구와의 협업, 방송 프로그램 등급제, 각종 징계에 대한 대응 등이 될 것이다. 필자가 재직했던 JTBC에서도 시청자심의실과 방송정책실이 운영되고 있다.

방송사마다 운영되는 시청자위원회에 대해서도 알아둘 필요가 있겠다. 방송법 제87조 및 방송법 시행령 제64조에 따르면, 종합 편성 또는 보도전문 편성을 행하는 방송사업자는 시청자의 권익을 보호하기 위하여 시청자위원회를 두어야 한다. 위원은 각계 시청자를 대표하는 사람 중 10~15인이며, 정기회의는 매월 1회 이상이다.

또한 이런 방송법 관련 사항에 대해서는 공인회계사(CPA) 수험에서 상법 공부 방법을 원용한 암기법을 적용해 볼 수 있겠다. 방송법과 시행령을 모두 프린트해서 스프링 제본을 한다. 필요하다면 다른 연관 법안도 프린트할 수 있을 것이다. 이는 나만의 방송법전이 될 것이다. 그런 다음 여러 가지 책을 공부할 때마다 방송법 조문과 관련된 내용을 메모하는 방식이다.

참고로 방송 프로그램의 등급 분류 및 표시 등에 관한 규칙(방송통신심의위원회 규칙 제22호)에는 아래와 같이 방송 프로그램 등급제 제외 장르에 대해 규정돼 있다.

제9조(적용범위)

이 규칙은 모든 방송 프로그램에 대하여 적용한다. 다만, 다음 각 호의 프로그램은 그러하지 아니하다.

1. 보도 프로그램
2. 범죄, 사고 등을 다룬 재연물이나 기록물을 제외한 다큐멘터리 프로그램
3. 생활정보 프로그램
4. 시사관련 대담·토론 프로그램
5. 교육·문화예술 프로그램
6. 지식이나 재치를 겨루는 순수 퀴즈 프로그램
7. 이종격투기 등 폭력성이 지나친 종목을 제외한 스포츠 프로그램
8. 기타 방송통신심의위원회가 인정하는 프로그램

유제 32 - 1

청소년 보호 시간대에 대해 쓰라.

[2012 KBS 변형]

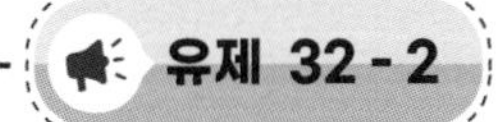

키즈락(Kids Lock)

[예상문제]

유제 32 - 3

방송 프로그램의 등급 분류 및 표시 등에 관한 규칙상, 방송등급은 어떻게 고지해야 하는가?

[예상문제]

유제 32 - 4

시청자위원회의 역할에 대해 약술하라.

[2014 언론재단 변형]

유제 32 - 5

랜덤 채팅 애플리케이션에 대해 쓰라.

[예상문제]

참고문헌

- 국가법령정보센터 홈페이지
- 방송정책(2013). 커뮤니케이션북스. 정윤식 강원대 교수
- 방송심의(2014). 커뮤니케이션북스. 김영호 우석대 교수

방송의 공적책임・공정성・공익성에 대해 서술하라.

[2013 KBS, 2015 CBS, 2014 부산PBC 변형]

답안

방송법 제5조에서는 방송의 공적책임을, 제6조에서는 방송의 공정성과 공익성을 규정해 놓고 있다. 방송법 제5조에서는 방송이 인간의 존엄・민주적 기본질서・국민의 화합 등에 이바지하고 명예훼손・범죄・퇴폐・폭력 등을 조장해서는 안 된다고 규정하고 있다. 제6조에서는 방송의 공정성과 공익성을 규정해 놨다. 보도의 공정성, 성별・종교・인종 등에 따른 차별 금지(종교전문 편성 방송은 예외), 국민의 알권리 보호, 표현의 자유 신장 등이 주된 내용이다. 또한 방송의 공적책임・공정성・공익성의 실현 가능성은 방송통신위원회가 지상파의 사업을 허가하거나 종합편성・보도 채널의 사업을 승인을 할 때 심사기준으로 사용된다.

해설

필자가 JTBC 방송설립추진단에서 근무할 당시 머리가 뽀개질 것 같았던 파트가 방송의 공적책임 · 공정성 · 공익성이었다. 젊은 연차에 개념이 이해도 안 갔고, 방송에 대해서 관심도 적었던 때라 조문이 눈에 들어오지도 않았다. 안타깝지만 언론고시 입문 초심자들은 혹시 수험 일정이 급하다면 방송법상 해당 조문과 기본서에 나와 있는 내용을 달달 외우기를 바란다. 암기가 먹히는 파트다.

많은 장수생이 방송법 조문을 한 번도 찾아보지 않고 기본서만 읽고 있는 경우가 많아, 관련 조문을 소개한다. 시간이 되면 소리 내어 읽기를 바란다.

방송법 제5조(방송의 공적책임)
① 방송은 인간의 존엄과 가치 및 민주적 기본질서를 존중하여야 한다.
② 방송은 국민의 화합과 조화로운 국가의 발전 및 민주적 여론형성에 이바지하여야 하며 지역간 · 세대간 · 계층간 · 성별간의 갈등을 조장하여서는 아니 된다.
③ 방송은 타인의 명예를 훼손하거나 권리를 침해하여서는 아니 된다.
④ 방송은 범죄 및 부도덕한 행위나 사행심을 조장하여서는 아니 된다.
⑤ 방송은 건전한 가정생활과 아동 및 청소년의 선도에 나쁜 영향을 끼치는 음란 · 퇴폐 또는 폭력을 조장하여서는 아니 된다.

방송법 제6조(방송의 공정성과 공익성)
① 방송에 의한 보도는 공정하고 객관적이어야 한다.
② 방송은 성별 · 연령 · 직업 · 종교 · 신념 · 계층 · 지역 · 인종 등을 이유로 방송편성에 차별을 두어서는 아니 된다. 다만, 종교의 선교에 관한 전문 편성을 행하는 방송사업자가 그 방송 분야의 범위 안에서 방송을 하는 경우에는 그러하지 아니하다.
③ 방송은 국민의 윤리적 · 정서적 감정을 존중하여야 하며, 국민의 기본권 옹호 및 국제친선의 증진에 이바지하여야 한다.
④ 방송은 국민의 알권리와 표현의 자유를 보호 · 신장하여야 한다.

⑤ 방송은 상대적으로 소수이거나 이익추구의 실현에 불리한 집단이나 계층의 이익을 충실하게 반영하도록 노력하여야 한다.
⑥ 방송은 지역사회의 균형 있는 발전과 민족문화의 창달에 이바지하여야 한다.
⑦ 방송은 사회교육기능을 신장하고, 유익한 생활정보를 확산・보급하며, 국민의 문화생활의 질적 향상에 이바지하여야 한다.
⑧ 방송은 표준말의 보급에 이바지하여야 하며 언어순화에 힘써야 한다.
⑨ 방송은 정부 또는 특정 집단의 정책등을 공표하는 경우 의견이 다른 집단에 균등한 기회가 제공되도록 노력하여야 하고, 또한 각 정치적 이해 당사자에 관한 방송 프로그램을 편성하는 경우에도 균형성이 유지되도록 하여야 한다.

이와 별도로 KBS의 공적책임에 대한 방송법 별도 규정이 있다. 2012년 출제됐던 내용이기도 하다.

방송법 제44조(공사의 공적책임)
① 공사는 방송의 목적과 공적책임, 방송의 공정성과 공익성을 실현하여야 한다.
② 공사는 국민이 지역과 주변 여건과 관계없이 양질의 방송서비스를 제공받을 수 있도록 노력하여야 한다.
③ 공사는 시청자의 공익에 기여할 수 있는 새로운 방송 프로그램・방송 서비스 및 방송 기술을 연구하고 개발하여야 한다.
④ 공사는 국내외를 대상으로 민족문화를 창달하고, 민족의 동질성을 확보할 수 있는 방송 프로그램을 개발하여 방송하여야 한다.

KBS의 주요 업무에 대해서도 시간이 있으면 정독하도록 하자.

방송법 제54조(업무)
① 공사는 다음 각 호의 업무를 행한다.
1. 라디오방송의 실시
2. 텔레비전방송의 실시
3. 위성방송 등 새로운 방송매체를 통한 방송의 실시

4. 방송시설의 설치·운영 및 관리
5. 국가에 필요한 대외방송(국제친선 및 이해증진과 문화·경제교류 등을 목적으로 하는 방송)과 사회교육방송(외국에 거주하는 한민족을 대상으로 민족의 동질성을 증진할 목적으로 하는 방송)의 실시
6. 「한국교육방송공사법」에 의한 한국교육방송공사가 행하는 방송의 송신 지원
7. 시청자 불만처리와 시청자 보호를 위한 기구의 설치 및 운영
8. 전속단체의 운영·관리
9. 방송문화행사의 수행 및 방송문화의 국제교류
10. 방송에 관한 조사·연구 및 발전
11. 제1호부터 제10호까지의 업무에 부대되는 수익사업

마찬가지의 논리로 KBS의 이사회 구성(방송법 제46조), KBS의 경영평가(방송법 시행령 제33조), KBS의 업무에 대해서도 정리해 둘 필요가 있겠다. 또한 방송법과 한국교육방송공사법상 KBS와 EBS의 설립 목적에 대한 규정도 음미할 필요가 있다. 방송법 제43조에 나온 KBS의 설립 목적은 '공정하고 건전한 방송문화를 정착시키고 국내외 방송을 효율적으로 실시하기 위하여 국가기간방송으로서 한국방송공사를 설립한다'고 나와 있다. EBS에 대해서는 한국교육방송공사법 제1조에 '교육방송을 효율적으로 실시함으로써 학교교육을 보완하고 국민의 평생교육과 민주적 교육발전에 이바지함'이라는 목적이 있다.

앞서 말했지만, 방송법은 끊임없는 암기와의 싸움이다. 나만의 방송법전을 만들어서 정리하는 것이 확실하다.

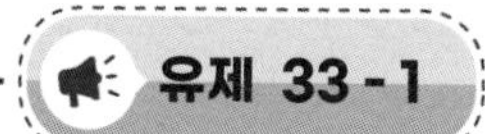

방송법 제44조상 KBS의 공적책임과 역할에 대해 서술하라.

[2013 KBS 지역 변형]

유제 33 - 2

EBS의 설립 목적에 걸맞은 슬로건을 쓰라. 그 이유도 제시하라.

[2014 EBS 변형]

유제 33 - 3

방송법상 방송의 정치적 균형에 대해 서술하라.

[예상문제]

유제 33 - 4

방송문화진흥회의 설립 목적은 무엇인가?

[예상문제]

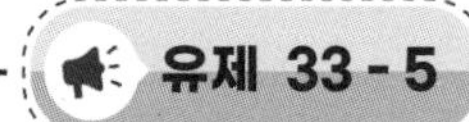

KBS의 설립 목적에 대해 쓰라.

[예상문제]

유제 33 - 6

방송법에 명시된 KBS의 이사회 구성과 이사장 및 사장 선임 절차에 대해 쓰라.

[2017 KBS 변형]

유제 33 - 7

방송법상 KBS의 경영평가, 방송문화진흥회법상 MBC의 경영평가에 대해 아는 대로 쓰라.

[예상문제]

참고문헌

국가법령정보센터 홈페이지

문제 34

페이퍼뷰(Pay Per View)와 VOD의 차이에 대해 쓰라.

[2014 SBS 변형]

답안

페이퍼뷰(PPV ; Pay Per View)는 재생당 요금을 과금하는 방식이다. 주로 UFC 등 스포츠 중계에서 사용되는 과금 방식이기도 하다. 케이블 TV 등 유료 방송 플랫폼으로 스포츠 빅이벤트 등의 특정 콘텐츠를 보려면 돈을 따로 내고 시청하는 방식이다. 미국에서는 스포츠 빅이벤트의 경우 페이퍼뷰 과금이 가미되는 경우가 많으며, 운동 선수에게 페이퍼뷰 수익에 따른 수입이 별도 지급될 때도 있다.

주문형 비디오(VOD)와의 차이점은 정해진 시간의 유무 여부다. VOD는 자신이 원하는 시간에 영화나 방송 프로그램 등을 다시 볼 수 있지만, 페이퍼뷰는 빅이벤트 등 특정 콘텐츠를 정해진 시간에 맞춰서 TV를 통해 보는 방식이다.

해설

국내에서 페이퍼뷰라는 단어가 널리 회자된 것은 지난 2015년 매니 파퀴아오와 플로이드 메이웨더 주니어의 복싱경기였다. 당시 세기의 대결로 대전료만 1초당 1억 2,000만 원가량에 달했다. 게다가 경기는 한 시간가량 지연됐다.

당시 미디어오늘 기사에 따르면, 두 사람의 경기는 미국에서 실시간으로 보는 권리를 페이퍼뷰 방식으로 판매했다. HBO와 쇼타임을 통해 실시간으로 경기를 보려면 99달러(당시 환율 약 11만 원)를 내야 했다. 그런데 미국 전역에서 페이퍼뷰 신청이 몰리면서 케이블 TV 결제 시스템에 과부하가 걸려서 경기 자체가 지연된 것이다. 당연히 한국에서 중계를 보던 시청자들도 기다려야 했다. 한국에서는 SBS가 판권을 구매해 중계했다.

실제로 미국에서는 페이퍼뷰가 스포츠 이벤트의 주된 수익원으로 꼽힌다. 격투기 대회 UFC가 페이퍼뷰에 적극적이다. 스포티비뉴스에 따르면, UFC 대회는 시청료를 따로 내야 볼 수 있는 PPV 넘버 대회, 폭스스포츠에서 시청이 가능한 폭스 대회, 폭스스포츠채널과 UFC 파이트 패스 사이트에서 중계되는 파이트 나이트 대회로 나뉜다고 한다. 때로는 메인 이벤트 경기가 취소돼 페이퍼뷰 과금 계획이 취소되고 폭스스포츠에서 무료 중계되는 경우도 있다.

페이퍼뷰나 VOD 같은 방식은 기존 지상파 방송의 비경합성이나 비배제성 원칙과는 거리가 있다. 각각의 논점에 대해서 고민해 보기를 바란다. 사견이지만, 케이블 TV 등에서 지상파 방송 다시보기를 최초 몇 주 동안은 유료로 하지만, 이후에는 무료로 하는 것 역시 비경합성이나 비배제성 원칙과 수익 추구의 딜레마를 절충한 묘안이 아닐까 싶다.

정인숙 가천대 교수에 따르면, 비경합성은 한 개인이 소비해도 다른 개인들이 얻는 이익이 감소하지 않는 특성이다. TV 프로그램은 1명이 보나 100만 명이 보나 자원의 고갈이 일어나지 않는다. 비배제성은 값을 치르지 않더라도 소비가 가능한 것을 말한다.

안재욱 경희대 교수는 방송광고가 방송의 공공재적 특성을 잘 살릴 수 있도록 뒷받침하는 매개로 봤다. 이유는 프로그램은 민간방송사만 비용이 들고, 상업광고는 시청자에게만 불편함을 주는데, 이 둘을 혼합해 방송사가 사람들에게 프로그램을 효율적으로 공급할 수 있도록 비용 없이 수입만 안겨주는 제도가 방송광고라는 논리다. 논술에 쓸만한 주제이니 참고문헌에 있는 원문을 찾아서 필사를 해보는 것도 좋은 공부방법이겠다.

VOD나 페이퍼뷰와 또 다른 개념은 바로 채널 티어링이다. 묶음판매, 분할판매 등으로 번역할 수 있다. 케이블 TV의 전체채널을 월 사용료를 내고 보는 것이 아니라, 원하는 채널만 골라서 더 저렴한 가격에 시청할 수 있는 방식이다.

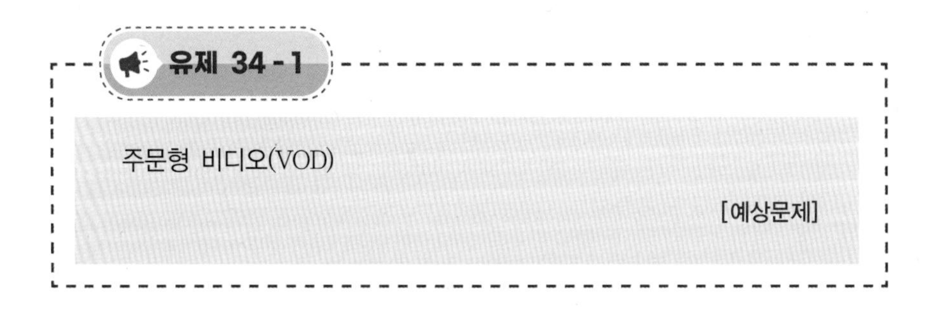

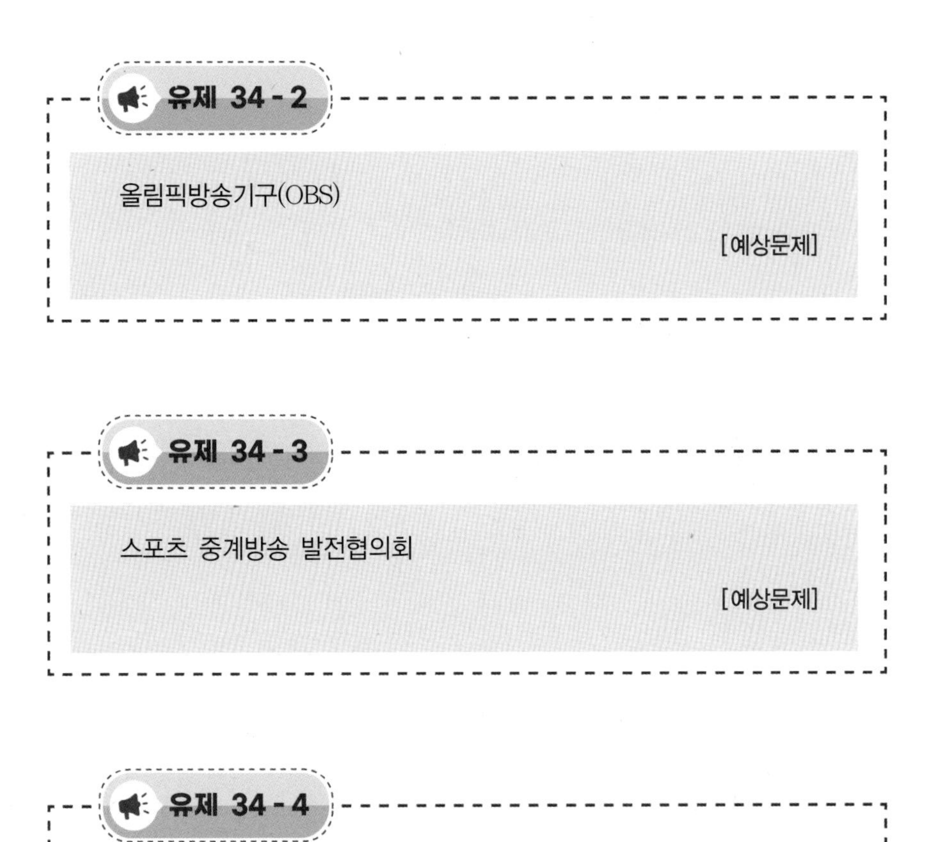

유제 34 - 2

올림픽방송기구(OBS)

[예상문제]

유제 34 - 3

스포츠 중계방송 발전협의회

[예상문제]

유제 34 - 4

코리아풀(Korea Pool)

[예상문제]

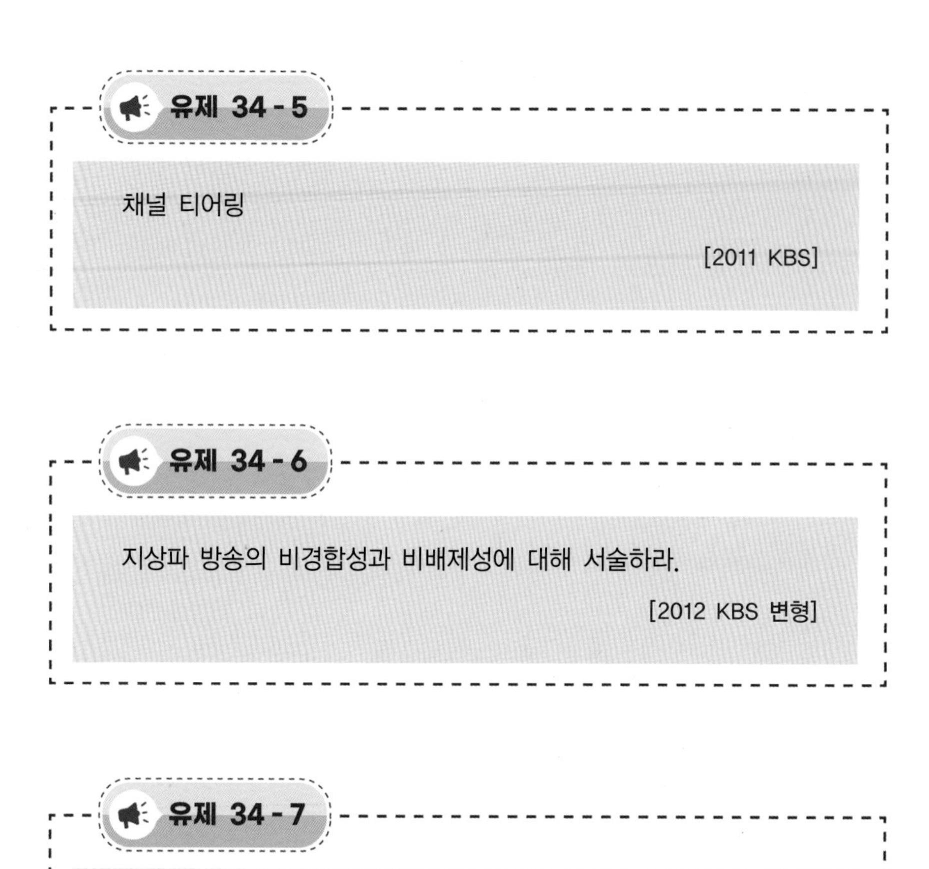

유제 34 - 5

채널 티어링

[2011 KBS]

유제 34 - 6

지상파 방송의 비경합성과 비배제성에 대해 서술하라.

[2012 KBS 변형]

유제 34 - 7

코드커팅

[예상문제]

참고문헌

- 방송 산업 구조(2013). 커뮤니케이션북스. 정인숙 가천대 교수
- 광고가 제품값 부풀리고 과소비 조장한다고? 시장 선택 돕는 정보… 과장 광고 소비자가 걸러내. 한국경제 안재욱 경희대 교수. 2015-12-25
- UFC 196, 페이퍼뷰(PPV) 안 판다… 폭스스포츠에서 무료 중계. 스포티비뉴스 이교덕 기자. 2016-01-27
- [IT용어 아하!] 페이퍼뷰(PPV). 디지털타임스. 2007-12-31
- 메이웨더vs파퀴아오 '세기의 대결' 40분 지연 이유는? 미디어오늘 이하늬 기자. 2015-05-03

언론고시 쉬어가기

해외 인턴 이렇게 하면 실패한다.

윤소라(전 SBS CNBC 기자)

어느 언론사 면접장에서의 일이다. 자기소개서를 훑던 면접관의 시선이 한 곳에서 멈췄다.

"윤소라 씨는 해외에서 인턴을 했네요?"

언론사 면접을 볼 때마다 빠지지 않았던 질문이기도 하다. 준비된 답변을 했지만 면접관은 탐탁치 않아 하는 표정이 역력했다. 해외 인턴 경험이라는 단어는 자기소개서에서 단연 채점자의 눈길을 끄는 요소 중 하나다. 너도나도 해외 유학에 교환학생을 다녀오는 상황에서 실무 경험이라는 요소는 꽤나 강력한 힘을 발휘한다. 하지만 반대로 매력적이던 해외 실무 경험은 본인의 발목을 잡는 요소로 전락하기도 한다.

나는 미국 워싱턴 D.C에 있는 한 방송국에서 인턴으로 일했다. 5개월이라는 시간을 들였지만 개인적으로는 실패한 인턴 경험이라고 생각한다. 방송국이라는 환경을 경험해보고, 미국의 언론 환경을 체감한 좋은 기회인 건 분명하다. 또 한국에서는 좀처럼 경험하기 힘든 주제의 시위나 총기 사고 등을 직접 취재해 볼 수도 있었다. 하지만 좀 더 준비해 갔더라면 좋았을 것이라는 후회가 더 크다. 결국 나는 자기소개서를 쓸 땐 해외 인턴 경험을 단지 한 줄을 채우는 데만 활용할 수밖에 없었다. 이번 편에서는 나의 아쉬웠던 해외 인턴 경험을 소개하려 한다. 반면교사로 삼을 수 있는 기회가 되길 바란다. 크게 3가지 포인트로 당시의 실책을 고백한다.

준비되지 않은 영어 실력

"일단 부딪쳐 보자"라는 도전 정신은 해외 인턴에서 통하지 않았다. 인턴과 동시에 영어 실력을 올려야겠다는 건 오산이었다. 인턴은 교환학생이나 유학과는 다르다. 일을 배우는 것도 기회를 잡을 수 있는 영어 실력이 되어야 가능한 얘기다. 어쭙잖은 영어 실력으로는 실무를 경험할 기회도 잡을 수 없다. 내가 크게 고생했던 건 리스닝이었다. 한국에선 항상 CNN을 통해 아나운서들의 또박또박한 발음을 들었지만 현장에서 만난 외국인들은 완전히 달랐다. 인터뷰를 땄는데도 알아듣지 못해 사용하지 못했던 경우가 많았다. 바꿔 생각하면 한국말도 제대로 하지 못하는 외국인이 우리나라 언론사에서 기사를 쓰는 것과 같은 셈이었다.

경험만 나열하기

자기소개서를 쓸 때 뼈아팠던 경험이다. 내가 미국으로 갔을 땐 많은 일이 있었다. 미국 국회의사당에서 총기 난사 사건도 있었고, 미국 정부의 셧다운(예산안이 의회에서 통과되지 않아 정부 예산이 폐쇄됐던 일)도 있었다. 한국에서는 일어나기 힘든 사건인 것은 맞다. 그런데 그 상황에서 내가 어떤 취재 역할을 맡았나? 또 어떤 생각을 했었나? 이런 답변이 나중에 면접관으로부터 들어올 것이라는 생각은 하지 못했다. 만약 이 책의 독자들이 해외 언론사에서 인턴을 하게 된다면 수첩에 적어두고 항상 명심하기를 바란다. 면접장에서 내 경험이 어떤 질문으로 돌아올지를 고민하지 않았던 내게는 이런 사건들은 그저 시민으로서 바라본 격이었다.

어설프게 외국 회사 및 언론사 경험 자랑하기

미국 언론과 한국 언론의 차이를 얘기해보라는 것은 단골 질문이다. 여기서 미국 언론을 마치 영화 '스포트라이트' 속 언론사처럼 찬양하며 한국 언론을 낮춰선 안 된다. 인턴 계약 기간은 길면 1년 정도일 것이다. 채용담당자들도 내가 1년 남짓한 기간 동안 대략 어떤 일을 했을지를 안다. 하지만 나는 몰랐다. 아니, 알면서도 모른다고 착각했던 것이다. 면접에 들어간 어떤 면접관은 내게 "미국에서 조금 일했다면서 한국 언론에 대해 폄하하는 것만큼 꼴사나운 게 없다"는 혹평을 하기도 했다.

내게 미국 언론사의 인턴 경험은 의미 있는 일이었다. 하지만 그 의미가 스스로의 만족에 그친 것이 문제였다. 미국 언론사에서 인턴을 했다는 '이력서 한 줄'은 있었지만 그 맥락을 채울 콘텐츠가 없었던 것이 패착이었다. "워싱턴 D.C.에 있는 한국 언론사 특파원들을 찾아가 봤다면 어땠을까"하는 후회도 든다. 이 책의 독자들도 만일 해외 언론사 인턴십 등의 기회가 주어진다면, 어떻게 인턴십을 할지 고민해 보기 바란다. 해외 인턴은 좋은 기회임에는 분명하지만, 준비 없이 시간만 보낸다면 한 번의 국내 인턴보다도 못한 결과를 낳을 수 있다.

PART 3

실전 논술 모의고사

PART 3

실전 논술 모의고사

모의고사 1회 **BBC가 인기 콘텐츠였던 요리 레시피 서비스를 중단하기로 했다. 기자협회보에 실린 김지현 선생의 지적에 따르면, "보다 독창적인 서비스를 위해서"라는 이유다. 보수당 일각에서는 BBC가 그동안 온라인 뉴스 서비스를 하면서 영국 신문들의 시장을 빼앗아 왔다는 비판이 제기되기도 했다. BBC의 이런 논의가 KBS에 주는 함의에 대해 논하라.**

[예상문제]

해설

좀 어려운 문제를 예상 문제로 냈다. 기자협회보에서 BBC 관련 칼럼을 읽다가, 이를 논술에 낸다면 어떤 느낌일까 싶어서 만들어 봤다. 물론 이 문제가 그대로 나오지는 않겠지만, 앞으로 비슷한 논의가 나오지 않으란 법도 없다. 우리나라에서도 공영방송이 민간 미디어의 영역을 침범한다는 논란이 꾸준히 나올 것이기 때문이다. 당장 몬스터 유니온만 하더라도 본래는 대형 한류 기획 드라마나 예능 프로그램을 만들어서 아시아의 한류 시장을 이끌겠다는 의도였지만, 외주제작 업계에서는 공영방송이 자신들의 사업을 빼앗으려는 시도로 보고 있다.

이 답안은 강민경 연합뉴스TV 기자가 학생 시절 작성한 것이다. 특정 개인이나 집단・국가・기업의 입장을 반영하지 않은 순수 수험목적용 답안 중의 하나임을 밝혀둔다. 강민경 씨의 주장과 논리 구조를 분석해 보고, 참고문헌을 살펴보면서 자신만의 답안을 KBS 등 지원 회사의 실정과 결부시켜 써보는 훈련을 해보기를 바란다.

예시 답안

정부와 공영방송의 관계는 불안하다. 정부는 국가 경영에 유리한 정보를 전달해야 한다. 언론은 그 수단이기에, 정부의 입장에서는 정부의 통제 하에 두고 싶은 영역이다. 공공(公共)이란 글자를 달고 있는 공영방송은 여러 방송기관 중 정부가 그나마 부담 없이 방송 개입을 추구할 수 있는 곳이다. 반면 공영방송의 입장에서, 정부로부터의 독립은 반드시 사수해야 하는 측면이다. 정부의 재원을 어느 정도 필요로 하는 공영방송의 구조상 공영방송은 국가 개입에 취약한 위치에 놓여 있다. 그러나 공영방송의 가치를 추구하고 객관적인 언론의 역할을 수행하기 위해, 공영방송은 언제나 정부로부터의 독립적 위치를 수호하기 위해 촉각을 곤두세워야 한다.

BBC가 요리 레시피 서비스 중단을 발표한 이면에는 이러한 관계의 불안전성이 내재하고 있다. 백서의 '독창성' 언급이 공영방송에 대한 새로운 규제 수단으로 돌아온 예시이기 때문이다. 영국 정부는 백서에 제시된 '독창성'을 이유로 공영방송에게 모종의 협력관계를 요청하고 있는 셈이다. 실제로 폐지한 영역이 요리 레시피에 불과하기에 객관성을 필요로 하는 뉴스와 관계없다는 지적도 있다. 그러나 이는 거시적 흐름을 읽지 못한 지적이다. 폐지를 요구한 주체가 '정부'라는 점은 변하지 않기 때문이다. 그 대상이 무엇이었는지는 중요하지 않다. 요리 프로그램의 폐지가 BBC 내부에서 결정되거나 시청자들의 의견에 따르지 않은 한, 그것은 공영방송에 대한 정부 개입의 시작이라 볼 수 있기 때문이다.

백서 이후 BBC를 둘러싼 영국의 움직임에서 KBS가 주목해야 할 부분은 개입의 '과정'이다. 과정의 측면에서, BBC에 대한 정부의 개입이 '은밀히' 이루어지고 있기 때문이다. 실제로 BBC에 대한 조지 오스번 재무장관의 통제는 요리 프로그램에서 시작했다. 그러나 BBC는 이를 계기로 점차 내부 서비스의 개편을 준비하고 있으며, BBC 뉴스의 통폐합도 고려 대상에 오른 상황이다. 객관성과 상관없어 보이는 영역에서부터 정부의 압박이 이루어진 후, 마치 물결의 파장처럼 그 지점을 시작으로 삼아 정부의 개입이 확장되고 있는 것이다. 공영방송의 입장에선 일단 퍼져나간 정부의 개입을 손쉽게 틀어막지 못할 가능성이 크다.

KBS가 어떤 형식으로든지 지상파로서 지켜야 하는 규제 당위성 이상의 개입을 막아내야 하는 이유다. 다행히도 현재 방송법상 공영방송의 규제와 관련된 측면에서 '정부'가 들어올 여지는 없다. 방송법은 방송의 공정성과 공익성·객관성 실현을 달성한다는 목적 하에서만 규제의 당위성을 인정하고 있다. 그러나 이러한 규제는 방송통신심의위원회와 같은 독립적 외부기관, 혹은 KBS 자체 심의에 의해 이루어지는 영역에 가깝다. 정부의 역할을 명시하지 않은 것이다. 뉴스에 대한 정부의 개입 등이 '부당 개입' 등으로 비판될 수 있는 이유다.

영국 오스번 재무장관이 그랬듯, 정부는 뉴스 외적 영역에 대한 간접적인 개입을 시도함으로써 공영방송의 개입을 시도할 수 있다. 개입의 과정을 '비틀어' 은밀히 규제하는 방식이다. 그러나 KBS는 정부의 규제 역시도 단호하게 거부하는 자세를 보여야 한다. 공영방송의 독립적 영역을 바로 세우되, 그 '독립성'에 있어 일말의 여지를 두지 않아야 하는 것이다.

원칙을 지키는 과정은 공영방송의 입장에서 험난할 수밖에 없다. 그러나 방송의 독립성을 지키기 위한 노력은 타협할 수 있는 부분이 아니다. 아주 작은 부분에서 타협을 시도한다 할지라도, 그것이 시작이 되어 정부의 방송 개입은 점차 확산될 수밖에 없기 때문이다. 정부와의 불안전한 관계를 관리함에 있어 마지막 보루로 '독립성'을 쥐고 있어야 하는 이유다. 공영방송이 공(公)의 역할을 온전히 수행하기 위해, KBS는 직접적인 정부 개입 차단뿐 아니라 간접적이고 은밀하게 행해지는 모든 개입의 여지를 배격해야 한다.

참고문헌

- BBC가 요리 레시피 서비스를 중단하는 이유. 기자협회보 김지현 골드스미스 런던대 문화연구 박사과정. 2016-06-22
- 말 많았던 BBC 백서, 드디어 공개. 기자협회보 김지현 골드스미스 런던대 문화연구 박사과정. 2016-05-18
- A BBC for the future(2016) : a broadcaster of distinction. Department for Culture, Media&Sport

모의고사 2회 **최근 KBS가 시도한 디지털 변화 움직임에 대해 아는 대로 쓰고, KBS의 미래 전략에 대한 본인의 생각을 논하라.**

[2013 KBS 변형]

해설

2013년 KBS 방송저널리스트(기자) 분야에 출제됐던 문제를 한 번 비틀어서 변형해 봤다. 당시 문제는 〈KBS 뉴스 9〉에 그동안 새로 생긴 코너에 대해서 특징 등을 서술하고, 변화한 〈KBS 뉴스 9〉의 장단점을 논하라는 문제였다. 당시 KBS 뉴스를 몇 년 동안 즐겨봤던 수험생들은 문제에 접근하는 것이 어렵지 않았지만, 뉴스를 피상적 또는 수동적으로 접했던 수험생들에게는 역대급으로 어려웠던 문제로 꼽힌다.

이 문제를 모의고사 겸 테스트 격인 방송학 논술 파트에 넣는 이유는 간단하다. 최근 들어 KBS가 디지털 혁신을 많이 하고 있기 때문이다. 취재후 같은 콘텐츠가 다음이나 네이버 등 주요 포털에서 어필하는 것은 물론이다. 디지털 뉴스팀을 운용해 여느 인터넷 언론사나 신문사닷컴보다 깊이 있는 인포그래픽형 기사를 쓰기도 하고, 디지털 뉴스 일부를 아침 뉴스에 '디지털 광장'으로 재가공하기도 한다. 이를 수험생으로서 모르고 있는 것은 올바르지 않다. 단지 KBS뿐만이 아니라, 지원하는 목표 언론사의 디지털화 움직임에 대해 알고 있는 것은 기본이겠다. 수험생 답안을 일부 손을 봐서 수록한다. 잘 썼다.

예시 답안

디지털에서도 KBS는 시청자를 외친다. 2016년 발표된 신년사에서도 KBS의 미래 전략은 시청자 중심주의에 기반하고 있다. 하지만 디지털이라는 언어에서 그 방점은 '수용자로서 시청자'가 아닌, '동반자로서의 시청자'라고 할 수 있다. KBS의 시청자는 TV를 보는 사람에서 벗어나 쌍방향 소통의 파트너다.

최근 KBS의 디지털 변화 시도는 시청자와의 호흡이 기본이다. 예능 콘텐츠를 소셜미디어에서 송출하는 시도 역시 같은 맥락이다. 큐레이팅 서비스 '피키캐스트'에서 〈1박 2일〉을 방영하고 또 시청자들과 교감하는 것이 대표적인 사례다. 경쟁 구도를 협력구도로 전환하는 시도임과 동시에, 공영방송이 연령층과 지역에 상관없이 보편적으로 정보를 제공해야 한다는 공적 명분을 만족시키기 때문이다.

디지털 기술의 발전은 콘텐츠 제작 방식 자체를 변화시키고 있다. KBS는 지난 2015년 1인 제작자(크리에이터)와 제휴해 콘텐츠를 유통하는 MCN 스튜디오 '예띠 스튜디오'를 오픈했다. 크리에이터들의 제작 환경을 조성하고 방송을 지원하는 동시에, 유통과 해외판권·광고수익 등을 공유하는 방식이다. 1인 제작자들에게 KBS의 콘텐츠 네트워크를 통한 해외 진출이나 선진 제작방식 도입 등으로 수준을 한 단계 올려주는 효과도 있다.

뉴스에서는 '모바일 환경에서의 보편적 접근권 보장'이 눈에 띈다. 방송의 무한경쟁체제가 실현되고 있는 상황에서, 공영방송의 본질과도 맞닿아 있는 '보편성'을 통해 다시금 시청자에게 향하겠다는 전략이다. 이는 KBS가 2015년 10월 지상파 방송 최초로 포털 사이트 다음 홈페이지와 모바일 앱을 통해 9시 뉴스를 생방송 한 데서 찾아볼 수 있다. 2016년 1월에는 구글 크롬캐스트로 생방송이 확대됐다. 언제, 어디서나, 어떤 기기를 통해서든 국민은 KBS

뉴스를 볼 수 있어야 한다는 것이다. 영국의 공영방송 BBC의 방송철학인 "모든 미디어와 기기를 통해 BBC 콘텐츠를 제공받을 수 있어야 한다"는 말과도 일맥상통한다. 언론계의 트렌드가 된 카드 뉴스나 취재 후일담, 영상클립 등에 대해서도 KBS는 'GO!현장', '뉴스픽', '취재후' 등을 생산하며 네티즌의 호평을 받고 있다.

이와 같은 KBS의 미래 전략은 시청자와 보편적 시청권이라는 거시적 목표 아래, 방송영상 산업 발전의 선도, 콘텐츠의 디지털화 및 1인 제작 등의 지원, 새로운 포맷의 도입 및 트렌드 방향성 정립 등 미시적인 프로젝트를 꾸려가고 있는 것으로 분석해 볼 수 있다. 포털사이트 뉴스 생방송 역시 광고 수익성만으로는 그리 바람직한 대안은 아니지만, 보편적 접근권이라는 차원에서는 당연한 선택이었다.

다만 KBS가 국가기간방송 사업자로서 디지털 미디어에 대한 '패러다임의 전환'을 선도했어야 하는 것 아니냐는 점에 대해서는 아쉬움이 남는다. 세계 공영방송의 대표 격인 영국 BBC는 이미 2006년부터 매년 발간하는 백서를 통해 '창조적 미래'를 설파해 왔다. BBC는 향후 디지털 미디어 시대의 척도가 되어야 한다고 강조했다. BBC의 콘텐츠는 플랫폼을 막론하고 세계 방방곡곡을 누비고 있다. 소셜미디어가 생겨난 초기부터 BBC는 트위터 연동 뉴스 서비스 등을 진행해 왔다. 시청자 개개인의 라이프스타일을 고려한 온디맨드 서비스 '아이플레이어'도 있었다. 시청자가 생각하지 못한 실험으로 새로움을 창출해야 한다는 노력의 일환이다.

KBS의 미래 전략은 보다 과감해질 필요가 있다. 시청자를 염두에 둔 KBS는 일말의 공익성을 가지고 일관된 디지털 전략을 추진하고 있지만, 뉴미디어 분야에서 콘텐츠의 혁신은 KBS보다는 외부에서 먼저 시작되는 경우가 많다.

MCN 플랫폼인 예띠 스튜디오도 이미 CJ의 다이아TV 같은 선두주자들이 치고 나갔다. 카드 뉴스에는 SBS의 '스브스뉴스'가, 소셜미디어에는 경향신문이 있다. 물론 디지털 분야에서도 특종 보도 등으로 뉴스의 흐름을 주도하고 있는 KBS지만, 한국의 공영방송으로서 디지털 뉴스 분야에서 선도적 역할이라는 점에서는 아쉬움이 남는다.

김재영 외의 논문에 따르면, 미디어의 미래를 연구한 제이 블럼러와 볼프강 호프만-리엠은 공영방송을 두고 "민간상업방송은 시장 상황에 얽매이지만 공영방송은 그것이 존재하는 사회체계에 뿌리를 두고 있다"고 말했다. 공영방송은 사회체계를 따라가기보다 사회체계 자체가 되어야 한다는 일침이다. 시청자를 키워드로 한 걸음 한 걸음 나아가는 KBS의 방향성은 분명 옳다. 이제는 그 발걸음을 좀 더 빨리하여, 도달하지 않은 미래 미디어 산업을 앞장서서 창조하는 자리가 되어야 한다. 결국, 공영방송의 사명감도 디지털 시대에서는 실천의 문제라는 이야기다.

참고문헌

공영방송의 정체성 탐색과 이명박 정부의 방송정책에 대한 비판적 고찰. 방송문화연구 제20권 제1호(2008년 6월호). 김재영 · 이남표 · 양선희

안심Touch

모의고사 3회 **코로나 시대 언론의 역할은 무엇인가? 자신의 의견을 자유롭게 논하라.**

[예상문제]

해설

코로나 바이러스 감염증은 우리 세상을 완전히 바꿔놓았다. 여기저기서 말했듯, 이제 우리는 코로나 이전의 세상으로는 돌아갈 수 없을 것이다. 코로나 사태가 종식되고 일상을 완전히 회복하더라도, 앞으로의 일상은 이전의 일상과는 다를 수밖에 없다.

언론 환경 역시 코로나로 인해 많이 바뀌었다. 화상회의시스템을 활용한 브리핑이 자연스러운 일이 됐다. 취재원과의 만남 역시 이전의 대면에 전적으로 의존하기보다는 전화나 이메일 등을 활용하는 일이 더욱 많아졌다. 언론사 내에서도 재택근무가 늘어나고 있고, 편집국이나 보도국 내 체류 인원을 줄이기 위해 현장퇴근을 강조하는 간부들도 생겨났다.

수험 목적에서 코로나는 앞으로 뉴스룸의 변화, 일하는 방식에 대한 고민, 미래 미디어 시장에 대한 전망 등을 담기 위한 화두가 될 것으로 보인다. 이에 대해 다각도로 고민하고 자신만의 답안을 쓸 수 있어야 하겠다. 코로나로 인해 많은 인명이 희생된 것에 대한 문제의식도 필요하다.

개정2판 개정 작업을 진행한 2021년 여름에도 코로나로 인해 많은 일이 있었다. 민방위와 예비군 대원을 대상으로 얀센 코로나 백신을 접종해, 수많은 30대가 컴퓨터에 접속해 '광클'했다. 필자 역시 개인적으로 이 때 미국 캔자스에서 영어 연수를 할 기회가 있었는데, 도착 직후 열흘 동안 격리 생활을 하느라 고생한 기억이 있다.

이번 논제는 조선비즈 신입기자로 입사한 이정수 씨가 입사 전 공부 중에 작성한 답안을 수록하도록 한다. 이 논제를 연습한 뒤, 추가적으로 논술문 작성을 해 볼 여유가 있는 학생들은 언론을 떠나 정치권으로 간 전직 언론인들의 태도, 전 세계 언론지형의 정치적 양극화, 가짜뉴스 낙인찍는 풍토 등의 논제에 대해서도 답안을 작성해 보면 좋은 대비가 될 것이다.

예시 답안

"전쟁의 첫 번째 희생자는 진실이다."

그리스 3대 비극 작가 중 한명인 아이스킬로스의 말이다. 전시에는 뒤숭숭한 사회 분위기와 시민들의 불안감을 먹이로 가짜 뉴스들이 성행한다는 것을 꼬집은 것이다. 혹자는 코로나 사태를 전쟁과 비슷하다고 말한다. 인명피해는 물론이고 가중된 혼란으로 서로가 서로를 못 믿는 '불신의 상태'에 이르렀기 때문이다. 코로나가 끝난다고 해도 이 폐해는 지속될 가능성이 높다. 상처에 새살이 돋기 전까지는 어느 정도 시간이 걸리기 때문이다. 언론이 해야 할 역할도 여기에 있다. 만연한 불신 속에서 연대를 만드는 중추가 되어야 한다. 뻔한 이야기지만 더욱 강화된 진실 보도와 실추된 신뢰 회복. 이것이 언론이 나가야 할 길이다.

언론이 진실을 보도해야 함은 물론이다. 그러나 진실을 전하는 방법도 치열하게 고민해야 한다. 시민들이 귀를 닫고 있는데 백방 소리쳐 봐야 대답 없는 메아리일 뿐이다. 떨어진 신뢰도를 먼저 높여야 한다. 이는 시민들에게 다시 선택받을 수 있도록 노력해야 한다는 의미다. 연구 결과에 따르면 한국 시민들은 '자신이 선택한 매체가 진실을 얘기한다.'고 믿는 경향이 강하다고 한다. 선택이 곧 신뢰의 지표인 것이다. 물론 정파적 진실을 따르자는 말이 아니다. 실증적 진실을 추구하되 시청자들의 선택을 받기 위해 노력하자는 것이다. 그렇기 위해선 콘텐츠의 다각화와 전문화가 필수다. 미국의 신생 매체 〈더나인틴뉴스〉는 '여성에 의한 여성 관련 보도'라는 모토로 유명하다. 이에 걸맞게 해당 매체는 여성 분야를 근성 있게 파고들고 취재해 왔다. 유의미한 결과도 있었다. 군소매체임에도 불구하고 전문성을 인정받아 미국 매체 최초로 카멀라 해리스 당시 미국 부통령 후보를 인터뷰한 것이다. 이를 계기로 더나인틴뉴스는 모두가 주목하는 매체로 성장했다. 또 콘텐츠의 다각화도 중요하다. 뉴욕타임스가 성공적인 디지털 혁신을 이룬 것도 여러 플랫폼을 이용한 취재 보도임을 기억해야 한다.

회복된 신뢰를 통해 진실 보도를 더욱 강화해야 한다. 팩트체크 저널리즘이 그 방안이다. 한국에도 팩트체크 저널리즘이 있으나 다소 미흡하다. 여러 국내 전문가들이 지적했듯이 공신력이 해외 유수 언론에 비교해선 떨어지는 것이 그 이유다. 먼저 국제 팩트체크네트워크(IFCN)에 등록된 국내 언론은 한 곳에 불과하다. 또 국내 팩트체크는 단발성에 그친다는 것도 문제다. 절대적인 진리가 없듯이, 사실도 시대의 흐름에 따라 그 가치가 변화하는 모습을 지닌다. 하지만 국내 팩트체크는 단순히 사실이다, 아니다의 판가름만 할 뿐 이후 후속 보도엔 무책임한 모습을 보인다. 또 자기검열에도 미흡하다. 독일의 〈슈피겔〉이나 미국의 〈뉴요커〉와 같은 사례를 참고해야 한다. 이 두 곳은 부서를 따로 만들어 자사의 보도를 엄격하게 팩트체크한다. 또한 자사의 보도도 팩트체크 대상이 되어야 객관성을 유지할 수 있고 언론 소비자의 신뢰도 얻을 수 있다.

코로나의 여파로 수많은 가짜뉴스가 범람하고 있는 지금, 기존 레거시 언론들이 해야 할 것은 치열한 진실 추구일 것이다. 유명한 성경 구절 말처럼, '어둠(거짓)은 빛(진실)을 이길 수 없다.'

포스트 코로나 시대에 언론이 나아가야 할 길은 뻔하지만 명확하다. 언론이 지닌 본질, 즉 진실 보도를 강화해야 한다는 것이다. 코로나로 인해 비대면 취재 등 변화가 일어나고 있지만 이에 멈추면 안 된다. 기자는 발로 뛰어야 한다는 새뮤얼 프리드먼의 '낡은 구두론'을 넘어 '낡은 키보드론'으로 승화해야 한다. 비대면이라는 제약이 있다면 온라인상에서라도 부단히 움직여야 한다는 의미다. 환경이 아무리 변해도 언론의 본질은 변하지 않는다. 떨어진 신뢰를 회복하고, 진실 보도를 강화함으로서 언론은 스스로의 존재 가치를 입증해야 한다. 전쟁과 같은 코로나의 여파 속에서, 언론의 역할은 다름 아닌 시민을 위한 진실의 등대인 것이다.

참고문헌

- '가짜뉴스 탓'으론 해답 찾을 수 없다. 기자협회보 우리의 주장. 2021-04-27
- 기자 겨냥 사이버 공격, 언론사가 지켜줘야. 기자협회보 우리의 주장. 2021-07-06
- 언론사 징벌적 손해배상 소송, 언론자유 침해 없도록 해야. 경향신문 사설. 2021-02-09

모의고사 4회 **본인이 생각하는 KBS(또는 지원 방송사의) 아나운서의 정체성에 대해 논하라.**

[2011 KBS, 2015 JTBC 변형]

해설

아나운서는 연예인이 아니다. 하지만 아나운서는 현실 방송에서 연예인과 같은 속성을 지니고 있다. 연예인처럼 활동하고, 일부는 프리랜서가 돼 연예인이 되기도 한다. 전현무나 김성주 같은 스타 MC들이 그렇다. 하지만 뉴스 진행, 방송 진행 등에서 아나운서만의, 또 공영방송 아나운서만의 정체성이 있는 것도 분명한 사실이다. 또한 이는 그동안 꾸준히 수험가의 주된 주제가 됐다. 2015년 KBS에서 출제된 '스포츠 대담 프로그램에 출연한 두 명의 아나운서 진행자의 역할과 진행 전략'이라는 논술 주제 역시 이와 궤를 같이한다.

쇼와 오락 등에서 활약한 역사는 국내 방송 초기부터 있었다. 임택근 아나운서 등 스타 아나운서들이 한국 쇼・오락 프로그램의 역사를 써왔던 것은 주지의 사실이기도 하다. 하지만 이른바 '아나테이너' 열풍에 대해서 자성의 목소리도 높다. 약간은 중도적인 입장의 학자들은 정보 전달자 내지는 소통의 매개 등의 개념을 들면서 아나운서의 정체성에 대한 논란을 매듭짓기도 한다.

KBS에서 이른바 공영방송 아나운서의 정체성 논의가 활발해진 것은 2006년 하반기다. 당시 강수정 아나운서, 김병찬 아나운서 등 인기 아나운서들이 줄지어 프리랜서 선언을 하면서다. 당시 프리랜서 선언을 하고 퇴사한 아나운서들이 맡았던 기존 프로그램의 진행 여부를 놓고 PD들과 아나운서들이 갈등이 있었다. "프리랜서가 됐더라도 현재 진행자를 그대로 쓰겠다"는 PD들의 논리와, "스스로 키운 아나운서를 고비용으로 다시 쓰는 것은 옳지 않다"는 아나운서들의 논리가 충돌했다.

또한 일부 인기 아나운서들이 남성잡지에 화보 촬영을 하고, 미스유니버스에 출전한 아나운서도 생긴 점 역시 지상파 아나운서의 정체성 논란에 대한 다른 논점으로 꼽혔다고 경향신문은 보도한 바 있다.

민영방송 아나운서라고 해서 이 주제가 중요하지 않은 것은 아니다. 2015년 JTBC 아나운서 필기 문제인 '향후 이 시대를 대표하는 아나운서가 되기 위해 필요한 덕목'은 최근 신뢰도 측면에서 앞서가는 JTBC의 정체성과 아나운서의 신념이라는 점에서 이해해 볼 수 있다. 따라서 아나운서 수험생 독자들은 자신이 지원하는 방송사에서 자신이 할 수 있는 정체성에 대해서 고민해 보고, 자신만의 답안을 작성해 보기를 권한다. 예시 답안은 싣지 않는다.

참고문헌

- 정체성 흔들리는 아나운서 "전문성으로 특화시켜야". 중앙일보 하현옥 기자. 2006-11-24
- 누가 아나운서를 집착녀·눈물녀로 만들었나. 경남도민일보 최규정 기자. 2013-11-28
- [별을 쏘다] 女 아나운서 정체성 논란. 경향신문 문주영 기자. 2006-08-30

언론고시 쉬어가기

아나운서 지망생, 처음 알아야 할 것들

김한별(KBS 아나운서)

아나운서 하면 화려한 조명을 받고 브라운관에서 시청자를 만나는 것만 생각한다. 지금도 많은 사람이 아나운서를 꿈꾸는 이유다. 하지만 누구나 아나운서가 될 수는 없다. 때로는 좌절하고 실패하면서도 마이크를 잡고 시청자를 만나는 그 날을 떠올리면서 노력한다. 아카데미를 다니기도 하고, 스터디를 하면서 목이 터지도록 연습을 한다.

나 역시 수험생 시절 하루에도 수백 장의 원고를 읽고, 녹화한 것을 모니터링했다. 매일매일 영상을 보면서 나 자신의 모습을 보고 또 보면서 '텔레비전에 내가 나왔으면 정말 좋겠다'는 생각을 하던 기억이 지금도 생생하다. 모두가 아나운서가 되기 위한 과정이다. 하지만 이런 고민은 많이 하지 않는다. "왜 당신은 아나운서가 되고 싶은가"라는 당연하지만 뻔한 질문이다.

'야학'이 내 이유였다.

"당신은 왜 아나운서가 되고 싶은가"라는 질문에 자신 있게 답할 수 있는 사람은 많지 않을 것이다. 실제로 많은 지망생이 막막해한다. 아나운서가 정말 되고 싶고, 하루하루 입에 단내가 날 때까지 연습해 왔다. 글도 수백 편을 썼다. 하지만 정작 '왜?'에 대한 질문을 받으면 어떻게 말해야 하는지를 모르는 지망생이 많다. 이 질문은 아마도 아나운서에 합격하는 그 순간까지, 아니 합격을 해서도 본인을 따라다닐 것이다. 본인에게 끊임없이 묻고 또 물으면서 '왜?'를 찾아야 한다. 분명 본인 안에 그 답이 있기 때문이다.

사실 내 꿈은 '방송국에서 일하는 것'이지 아나운서는 아니었다. 대학을 다니면서 생활 형편이 어려운 학생들을 가르치는 야학 교사 봉사활동을 했었다. 영리 단체가 아니었기 때문에 가끔 교사들이 거리에서 모금운동을 했다. 야학 학장님은 항상 마이크를 막내 교사인 나에게 넘겼다. 알고 보니 그분은 평소와 달리 '무대 공포증'이 있는 분이었다. 마지막까지 비밀로 해달라며 조심스럽게 고백하셨다. 그때 나는 알 수 없는 떨림을 느꼈다. '말을 하고 싶지만 말하는 방법을 모르는 사람들의 목소리가 되고 싶다' 내가 아나운서를 꿈꾸게 된 이유였다.

물론 내 경험과 이유가 정답은 아니다. 내게만 정답일 뿐이다. 누구나 아나운서가 되고 싶은 저마다의 이유가 있기 때문이다. 하지만 많은 지망생은 이 질문이 면접에 나온다는 사실 때문에, 꼭 대답해야 하는 질문이라는 사실 때문에 미리 답을 정해놓고 자신의 경험을 적용하는 경우가 많다. 심지어 답에 맞는 경험을 찾아 전략적인 활동을 하기도 한다. 하지만 몸에 맞지 않는 억지 춘향이식 이유를 들이댄다면 자신의 수험 전략에 큰 도움이 되지는 않을 것이다.

아나운서와 방송인

아나운서는 방송을 하는 사람이다. 하지만 조금 더 넓은 의미에서의 '방송인'에 대해서도 생각해 볼 필요가 있다. 예전에는 방송국도 적었고 방송을 할 수 있는 기회도 한정돼 있었다. 이 때문에 방송국이라는 회사에서 치르는 시험을 보고 아나운서로 뽑혀서 방송 기회를 얻는 것이 유일한 출연 방법인 시절도 있었다.

하지만 지금은 다르다. 채널도 매체도 많다. 팟캐스트 등 방송국이 아니어도 방송을 할 수 있는 매체가 생겼다. 방송국 내에서의 자리도 많아졌다. 아나운서 · 기자 · 기상캐스터 · 스포츠캐스터 · 리포터 · DJ · 쇼핑호스트 등 다양하다. 타이틀만 다르지 방송을 한다는 것에서는 같을 수 있다. 전문가들도 방송인의 영역을 차지하고 있다. 교수 · 법조인 · 체육인 · 뮤지션 · 셰프 · 개그맨 등 영역도 넓어지고 있다.

지상파 아나운서 시험은 그 회사의 직원이 되는 것이다. 경쟁률도 치열하다. '언론고시'라고 부를 만큼 과정도 어렵고 복잡하다. 수백, 수천 대 1의 경쟁률을 뚫고 방송국에 입성했지만, 이제는 전문가 출신 방송인들과 다시 경쟁해야 한다. 내가 원하는 방송만 할 수도 없다. 아나운서가 됐다고 끝이 아닌 셈이다.

그럼에도 불구하고 내가 아나운서 시험에 도전해야 하는 이유를 찾기 위한 '방향 설정'이 필요하다. 내가 진짜 원하는 방송의 유형이 무엇이며, 내가 어떤 식으로 방송을 할 것인가에 대한 진지한 고민이 필요하다. 아나운서가 되어서도 그 방송 안에서 내가 어떤 역할을 하고 싶은지 현재의 방송들을 보면서 고민해야 한다. 내가 좋아하는 것은 무엇인지, 내가 잘할 수 있는 것은 무엇인지 끊임없이 고민해야 한다. 그런 것이 면접에서 나온다.

아나운서는 '들을 때'가 더 많다.

"아나운서는 말을 잘하는 사람이 아니라, 잘 들을 줄 아는 사람이다"

KBS 신입 아나운서 연수 시절 한 선배가 해줬던, 가장 인상적인 말이다. 누구나 아나운서에게 가장 중요한 것은 좋은 목소리와 정확한 발음, 수려한 말솜씨라고 생각한다. 물론 이런 능력도 중요하다. 어떤 정보를 누구보다 정확하게 시청자와 청취자에게 전달하는 것은 아나운서의 역할이자 사명감이다.

하지만 실제 아나운서 일을 하면서 말하는 것보다 듣는 일이 더 많다고 느낄 때가 있다. 손님을 모셔서 그 손님의 살아온 얘기와 생각들을 들을 때 아나운서는 오히려 사라진다. 그 방송에서 아나운서가 보이지 않으면 오히려 더 좋은 방송일 수도 있다. 상황에 따라서 아나운서는 손님이 자신의 얘기를 가장 진솔하게 하게끔 고개를 끄덕여주고 함께 웃어주고, 맞장구치면서 눈물 흘려주는 사람이어야 할 때가 있다. 그때 필요한 것이 바로 '공감 능력'이다.

아나운서의 역할은 많다. 게스트의 이야기를 들으면서 시청자와 가교 역할을 하고, 스태프와 호흡하며 방송을 진행하고 또 조율한다. 약속된 시간에 프로그램이 마무리 될 수 있도록 지휘도 한다. 하지만 가장 중요한 역할은 아나운서가 프로그램 속에 자연스럽게 녹아드는 것이다.

일방적인 전달이 아닌, 시청자와 청취자가 듣고 싶어 하는 내용을 자연스럽게 끌어낼 수 있는 능력. 나는 이것이 공감 능력이라고 본다. 공감 능력은 하루아침에 생기는 것도 아니다. 평소에 고민을 하면서 자연스럽게 준비해야 한다. 나는 공감 능력이 있는 사람인가? 아니라면 지금부터 노력하면 된다.

소소한 습관

아나운서를 꿈꾸는 후배들에게 소소한 습관 하나를 소개하고자 한다. 아무리 내가 잘 듣고 공감할 수 있어도, 그것을 마이크로 적절히 표현하지 못하면 아무런 소용이 없다. 단어를 선택하고, 같은 순간에도 최적의 어휘를 고를 수 있는 다양한 어휘 구사 능력, 몇 개의 단어만 가지고도 짧고 핵심적인 문장을 만드는 능력은 아나운서에게 꼭 필요한 능력이다.

아나운서를 준비하면서도 필요하지만 아나운서가 된 이후에도 공부하고 준비해야 하는 부분이기도 하다. 실제로 내 롤모델 격인 선배들을 보면 자신만의 표현, 어휘 노트를 만들어서 방송에 쓰기도 하고, 다른 방송인들의 멘트나 표현들을 메모해서 적절히 방송에 녹여내는 경우도 많았다. 한 줄의 오프닝 카피를 위해 책이나 영화, 음악을 달고 사는 선배들도 많다.

애드리브라는 것도 무에서 유를 창조하는 것이 아니라 언젠가 보거나 들었던, 혹은 직접 썼던 표현이 몸에 익은 것이다. 그만큼 아나운서에게 말 한마디 한마디는 중요하고 소중하다. 많이 읽고, 많이 쓰고, 많이 생각하는 수밖에 없다.

스마트폰을 스마트하게 활용하는 노하우도 필요하다. 아나운서를 준비하는 지망생에게 스마트폰은 더할 나위 없는 연습 도구다. 영상 일기를 권하고 싶다. 매일 잠자리에 들기 전, 그날 읽었던 신문이나 봤던 뉴스, 읽었던 책 중에 주제를 정해서 1분 스피치를 하는 식이다. 물론 나도 처음에는 엉망이었다. 다시 보는 것이 민망할 정도였다. 하지만 하루하루 쌓이다 보니 나름의 구성도 생기고 동작이나 표정도 자연스러워졌다. 그 주제를 가지고 즉흥으로 어떤 프로그램 형식의 오프닝을 1분 스피치로 활용하기도 했다.

즉흥적으로 녹화한 1분 스피치를 다시 모니터링하는 것도 중요하다. 이때에는 노트를 펴고 주요 내용을 적으면서 다시 고민해야 한다. 그러면 1분 스피치 내용을 수정하여 깔끔한 1분 분량의 원고를 만들 수 있다. 이를 바탕으로 다시 한 번 녹화한다. 글쓰기의 퇴고 방식을 영상에 적용한 것이다. 나는 수험생 시절 아르바이트비를 모두 쏟아부어 캠코더를 구입했지만, 지금은 스마트폰으로 충분히 활용이 가능한 연습법이다.

PART 4

실전 약술 모의고사

PART 4

실전 약술 모의고사

모의고사 1회

1. 지상파 방송은 왜 공익성을 추구해야 하는지 서술하라.

2. 인포데믹에 대해 쓰라.

3. 인터넷신문위원회에 대해 아는 대로 쓰라.

4. 블랙 저널리즘(Black Journalism)을 예를 들어 설명하라.

5. 한국ABC협회에 대해 약술하라.

모의고사 2회

1. 클럽하우스에 대해 서술하라.

2. 망중립성과 망사용료에 대해 약술하고, 넷플릭스와 국내 통신사 간 갈등에 대해 설명하라.

3. 위성방송의 업링크(UP Link)와 다운링크(Down Link)의 차이를 쓰라.

4. 언론중재위원회의 법적 근거와 중재 절차 및 효력에 대해 약술하라.

5. 밈에 대해 약술하라.

모의고사 3회

1. 잊혀질 권리에 대해 약술하라.

2. 중국의 일극양성(一劇兩星) 정책에 대해 쓰라.

3. 리스티클(Listicle)과 에버그린 콘텐츠에 대해 예를 들어 설명하라.

4. BBC의 프리뷰(Freeview) 서비스에 대해 쓰라.

5. 함포사격형 편성에 대해 쓰라.

안심Touch

모의고사 4회

1. 프로그램 몰입도(PEI)에 대해 설명하라.

2. 퍼블리시티권에 대해 약술하라.

3. 허쉬만-허핀달 지수를 바탕으로 한국 방송 시장에 대해 쓰라.

4. 뉴트로 열풍에 대응하기 위한 지상파 3사의 유튜브 전략에 대해 아는 대로 쓰라.

5. 방송통신심의위원회에 대해 설명하라.

모의고사 5회

1. KBS · MBC · EBS의 지배구조를 비교 서술하라.

2. 공공데이터 시각화에 대해 아는 대로 쓰라.

3. 부캐에 대해 설명하라.

4. 서브네팅(Subnetting)에 대해 쓰라.

5. AI를 뉴스에 도입한 국내 사례에 대해 아는 대로 쓰라.

모의고사 6회

1. 미디어바우처법에 대해 약술하라.

2. N스크린에 대해 쓰라.

3. 감염병보도준칙에 대해 아는 대로 쓰라.

4. 솔루션 저널리즘에 대해 쓰라.

5. FAANG에 대해 약술하라.

모의고사 7회

1. 유튜브 프리미엄에 대해 쓰라.

2. SNG · ENG · MNG · OFDM 중계에 대해 비교 설명하라.

3. 구독경제에 대해 간단히 설명하고, 언론계에 주는 시사점에 대해 약술하라.

4. 글랜스 저널리즘(Glance Journalism)에 대해 약술하라.

5. 통신품위법 제230조에 대해 설명하라.

모의고사 8회

1. '도널드 J. 트럼프의 책상에서'에 대해 설명하라.

2. ATSC 3.0과 DVB-T2 표준에 대해 설명하라.

3. 친애하는 나의 도시에 대해 설명하라.

4. 메가 MBC에 대해 설명하라.

5. 공익채널 제도에 대해 쓰고, 현재 공익채널은 무엇이 있는지도 쓰라.

모의고사 9회

1. 선댄스영화제에 대해 쓰라.

2. 간접광고(PPL)와 브랜디드 콘텐츠의 차이에 대해 쓰라.

3. 페이월(Paywall)에 대해 설명하라.

4. 적재적 미디어 자각에 대해 설명하라.

5. 객체주의 저널리즘에 대해 쓰라.

모의고사 10회

1. e학습터에 대해 설명하라.

2. NFT에 대해 쓰라.

3. 디지털교도소란 무엇인가?

4. 형평원칙(Fairness Doctrine)과 동시간조항(Equal Time)에 대해 설명하라.

5. 샤를리 에브도에 대해 설명하라.

모의고사 11회

1. NFT(대체불가능토큰)의 정의와 활용 가능 사례 세 가지를 써라.

2. 사물정보통신에 대해 설명하라.

3. 메타버스에 대해 예를 들어 설명하라.

4. 둠스크롤링이란 무엇인가?

5. '내가 사랑했던 모든 남자들에게'에 대해 설명하라.

모의고사 12회

1. DID(분산신원증명)의 정의와 특징을 약술하라.

2. 큐어넌에 대해 약술하고, 한국 언론 상황과 비교해 보라.

3. 네이티브 애드에 대해 약술하라.

4. 네카라쿠배는 어느 회사를 말하는가?

5. 아크 퍼블리싱에 대해 아는 대로 쓰라.

모의고사 13회

1. 디지털 시대의 지역신문의 역할에 대해 300자 내외로 쓰라.

2. 인터넷에서 확보한 재난 현장 영상을 어떻게 활용할 수 있을까?

3. 루빅스에 대해 설명하라.

4. 가짜뉴스를 정의하라.

5. CBDC(중앙은행 발행 디지털화폐)의 정의와 특징을 쓰라.

언론고시 쉬어가기

카메라테스트에 대한 솔직한 귀띔

김한별(KBS 아나운서)

아나운서 시험 하면 빼놓을 수 없는 것이 바로 '카더라 통신'이다. 워낙 정보가 없는 시험이라 타 직군 등에 비해 소문이 더 많을 것이다. 특히 시험이 끝나고 합격자가 발표되면 더욱 그렇다. '뉴스 잘하는 아나운서를 뽑는다더라', 'MC에 활용할 만한 아나운서를 뽑는다더라' 식의 추측부터 '내정자가 있었다', '어떤 합격자는 실력이 없는데 됐다' 등의 추측도 쏟아진다. 정보에 민감할 필요는 있지만 추측성 소문에 휩쓸릴 필요는 없다. 지원하는 방송국과 심사위원을 믿고, 갈고닦은 내 실력을 100% 보여줄 수만 있으면 그 시험은 성공이다.

기본에 충실해야 할 카메라테스트

카메라테스트는 아나운서 시험 전형 중에서도 '가장 알 수 없는 것'으로 꼽히는 경우가 많다. 현직에서 매일 뉴스를 진행하고, 그 누구보다 앵커 같은 복장과 모습으로 시험을 봐도 떨어지는 지원자가 나오는 시험이 바로 카메라테스트다. 하지만 방송 경험이 전무하고 미숙해 보이는 사람이 덜컥 합격하는 전형이 바로 카메라테스트이기도 하다. 또한 워낙 많은 지원자가 2~3문장을 읽는 짧은 시간에 평가되는 특성도 있다. 떨어져도 피드백을 받는 것은 상상도 할 수 없다.

합격 이후 신입 아나운서 연수를 받는 동안 선배들에게 가장 많이 들었던 얘기는 '기본에 충실하라'는 말이었다. 신입 아나운서는 이제 막 아나운서가 되기 위한 기회를 얻은 것이지, 아나운서로서 무언가를 보여주려는 생각을 지금은 접어둬야 한다는 취지였다. 기본 발성부터 장단음과 어미 처리까지 모든 것을 처음부터 다시 시작한다는 생각으로 교육받았다. 동기 중에는 몇 년씩 현직 아나운서로 활동하던 사람도 있었지만 똑같이 처음부터 같은 교육을 받았다.

연수 과정에서 선배들은 말했다. 아나운서 시험, 특히 1차 카메라테스트는 잘하는 사람을 뽑는 것보다 부족한 사람을 거르는 경향이 더 높은 시험이라는 얘기였다. 노련하고 자연스럽게 뉴스를 하지만 나쁜 버릇이 있거나 자신만의 스타일이 너무 확고한 사람보다는, 조금 미숙하지만 기본에 충실하고 성장 가능성이 높은 사람이 더 높은 점수를 얻을 수도 있다는 말도 곁들였다. 좋은 아나운서가 되는 것은 합격 후 교육으로 가능하기 때문에, 꼭 필요한 것을 충실히 하는 것이 더 중요하다고 선배들은 얘기했다.

최근 수험가에서 볼 수 있는 '현직 탈락'을 설명해주는 이유겠다. 현직 출신 수험생이 착각하는 카메라테스트의 포인트와 심사위원이 기대하는 카메라테스트 포인트가 다르기 때문이다. 자신의 이름을 걸고 하는 방송이라면, 개성이 다소 과도하게 강하더라도 그 방송의 개성으로 승화될 수 있다. 하지만 시험이라면 이야기가 다르다. 아직 합격이나 입사한 것이 아니고, 개성을 인정받지도 않았다. 따라서 기본에 충실해야 한다. 즉, 정답을 맞히는 것보다 오답을 줄인다는 생각으로 접근해야 하는 것이다.

신입 아나운서를 연구하라.

질문을 바꿔서 생각해 보자. 카메라테스트에서 평가하는 '좋은 뉴스'란 무엇일까? 현직 앵커처럼 노련하고 개성이 넘치는 뉴스보다는 앞으로의 가능성에 초점을 맞춘 '군더더기 없는 깔끔한 뉴스'일 것이다. 뉴스의 중요한 요소들은 기본적으로 짚어 주면서도, 수험생의 나쁜 습관이나 귀에 거슬리는 특정 어미(소위 말하는 '조' 같은 것들)가 없는 깔끔한 뉴스 말이다. 깔끔한 뉴스는 또한 '어눌하고, 미숙한 뉴스'를 말하는 것은 결코 아니다. 시청자의 귀에 거슬리지 않는, 깔끔하고 담백한, 기본기가 확실한 뉴스를 말하는 것이다.

좋은 뉴스를 전달하기 위해서는 우선 좋은 뉴스를 많이 들어야 한다. 흐름도 익혀야 한다. 마치 외국어 공부하듯 말이다. 이럴 때 좋은 교재가 되는 것이 바로 신입 아나운서들의 방송이다. 그것도 신입 아나운서 연수를 마치고 이제 막 실전 뉴스에 투입된 신입 아나운서들의 뉴스를 연구하고 또 연습해야 한다. 물론 이들의 뉴스는 기라성 같은 선배들의 뉴스에 비해 노련함이나 세련됨이 조금 떨어질 수도 있다. 하지만 신입 아나운서 연수에서 배운 것들을 잘 살려서 깔끔하고 담백하게, 군더더기 없이 뉴스를 진행하려는 습관이 몸에 남아있는 신입 아나운서의 뉴스는 지망생들에게는 좋은 교본이 될 수 있다.

공채에 합격한 신입 아나운서들은 발음에서 발성, 장단음, 낭독, 흐름, 진행, 이미지, 자세에 이르기까지 아나운서의 모든 것을 다시 배운다. 기존에 자신이 가지고 있던 습관들을 버리고 그 방송사의 '신입 아나운서'로서 새롭게 태어나는 것이다. 매일 아침 테스트를 거치고 새롭게 배우고 다시 테스트를 거치면서 혹독하게 단련한다. 갓 입사를 마치고 지역총국을 순환하는 신입 아나운서들의 방송을 찾아서 듣는 것도 좋은 방법이다. 'My-K' 애플리케이션을 활용하는 것도 방법이다.

원고 안에 출제 포인트가 녹아 있다.

카메라테스트장에 들어가기 전, 감독관은 원고를 먼저 나눠준다. 2~3개의 문장이 지원자를 기다린다. 펜으로 끊어서 연습을 하는 사람, 강조할 단어에 표시를 해서 읽는 사람, 펜을 들고 오지 않아 발을 동동 구르는 사람 등 다양하다. 무조건 큰 소리로 원고를 읽기 시작하는 지원자도 있고 원고를 통째로 외우는 지원자도 있다. 정답은 없다. 내게 주어진 짧은 시간 동안 내 흐름대로 연습하는 것이 맞다.

하지만 중요한 것은 원고 속에 숨어있는 '포인트'를 파악하는 것이다. 우선 어려운 발음이 있다. 관광, 감기, 대한석탄공사, 곽진관(실제 있는 이름이 아닌 예시) 과장 같이 발음이 어려운 단어나 사람의 이름, 숫자나 통계 등을 넣어서 리딩 능력에서의 변별력을 추구한다. 때로는 한 문장의 길이를 길게 해서 문장의 의미를 정확하게 전달하는지를 파악하기도 하고, 호흡이나 흐름을 어떻게 적용하는지를 평가하기도 한다. 기본적인 장단음으로 의미가 달라지는 단어를 넣어두기도 한다. 따라서 원고를 받아 들었을 때, 내가 출제자라는 생각으로 이 원고 안에 숨어있는 '문제'가 과연 무엇일까를 파악하는 연습이 필요하다.

때로는 멘토링 현장에서 장단음을 중요하게 생각하지 않는 지망생을 만날 때가 있다. "중요하지도 않은 것을 언제 일일이 찾고 있느냐?"는 식으로 이야기를 해서 놀랄 때가 많다. 아나운서는 대중에게 메시지를 전달하는 사람이다. 전달력을 키우는 요소 중 하나가 바로 장단음이다. 장음이나 단음이냐에 따라서 뜻이 전혀 달라지는 경우가 있기 때문이다. 기본기를 평가하는 시험에서 기본 중의 기본인 장단음을 무시한다면 아나운서 합격은 멀어질 수밖에 없다.

하지만 일부 시험장 안에는 스마트폰 등 전자기기 소지가 되지 않는 경우가 있다. 평소에 장단음 공부를 열심히 해서 머릿속에 완벽하게 정리되어 있다면 괜찮겠지만, 그렇지 않으면 낭패를 볼 수 있다. 이 때문에 평소 '장단음 표'를 정리하는 습관을 들이는 것이 중요하다. 뉴스를 연습하면서 자주 나오는 장음과 단음을 '기역부터 히읗'까지 가나다 순서대로 엑셀로 정리하는 것이 좋다. 이 장단음 표를 출력해서 정장 주머니나 명함지갑 등에 넣고 다니기를 바란다.

카메라테스트에서 탈락하는 지망생들의 특징

많은 아나운서 선배들은 "할머니나 조카 등에게 설명한다는 생각으로 카메라를 바라보며 방송해야 한다"고 말한다. 카메라를 무생물의 사물로 바라볼 것이 아니라, 나와 가까운 사람처럼 바라보고 또 알기 쉬운 언어로 편안하게 설명해야 한다는 뜻도 있다. 역으로 생각하면 카메라에 대한 두려움을 넘어서는 것이 중요하고 어렵다는 얘기겠다.

나 역시 현직에서 방송을 하면서도 카메라가 가끔은 두렵다. 마찬가지로 현직에서 멘토링 학생으로 만나는 후배들을 보면 카메라에 대한 두려움을 떨치지 못하는 지망생이 많다. 낯설기 때문에 어색하고, 어색하기 때문에 긴장하는 것이다. 긴장한 나머지 속도가 빨라지고, 말하는 것이 아니라 원고 속 글자를 읽기만 하게 된다. 독자들을 위해 카메라에 익숙하지 않은 지망생들의 대표적인 특징을 열거해 둔다.

① 눈빛에 자신감이 없다.

말하는 사람의 눈빛에는 꽤 많은 정보가 담겨있다. 작은 떨림도 화면을 통해서 보게 되면 엄청난 떨림으로 전달된다. 방송의 힘이다. 카메라테스트 시험장에는 심사위원 앞에 엄청 커다란 모니터가 있어서 시험을 진행하는 지망생을 클로즈업으로 잡고 있다. 미세한 떨림, 눈빛에서 보이는 자신감까지 드러난다. 자신감을 잃는 순간 모든 것은 끝난다. 눈으로 표현하고, 눈으로 전달해야 한다.

② 원고를 너무 빨리 읽는다.

긴장해서 그렇다. "빨리 해치워버려야지" 하는 생각으로 원고를 읽는다. 이러면 내가 원고를 요리하는 것이 아니라, 원고에 내가 끌려가게 된다. 내가 그 원고의 내용을 숙지하고, 상대가 이해하는지를 파악하면서 밀고 당기면서 원고를 활용한 '대화'를 해야 하는데 원고를 빨리 해치워버리는 데 급급하다. 쫓기는 느낌은 이미 첫 문장을 시작할 때부터 심사위원에게 파악당하고 있다는 점을 명심하라.

③ 감정이 없다.

뉴스는 생물과 같다. 뉴스의 내용에 따라 앵커의 감정이 실리게 된다. 슬픈 내용은 슬프게, 급박한 내용은 급박하게 내용에 맞게 소화하다 보면 감정이 실리게 되고 거기에 맞는 리듬감도 자연스럽게 생겨난다. 무조건 읽어 내려가는 것이 아니라 내용을 숙지하고 그 앞에 있는 대상에게 설명하는 형식이 되어야 한다. 카메라 너머의 시청자를 상상하며 그 사람들이 이 얘기를 어떻게 들을까를 항상 생각해야 한다.

사실 카메라테스트는 '기본기' 외에 정답이 없다. 실제로 수험장에서 지켜본 한 지원자는 카메라테스트 원고를 통째로 외워서 카메라만 보면서 읊어서 주변 지원자들을 감탄하게 만들기도 했다. 하지만 탈락했다. 암기는 뛰어났지만 기본기에 충실하지 못했기 때문이다. 평소 꾸준하게 자신의 아나운싱 모습을 녹화하고 또 모니터링하면서 꾸준히 교정하는 것 외에는 대안이 없다. 하지만 평소 일상생활에서 꾸준히 자신의 언어습관과 낭독 노하우를 꼼꼼하게 따져간다면 남보다 조금 더 쉽고 빠르게 현직이 될 수 있을 것이다.

만든 사람들

집필진

• 이현택_조선일보 기자

연세대 경영학과와 동국대 언론정보대학원을 졸업했다. 중앙일보 수습기자로 언론계에 입문해 조선일보로 이직했다. 구글 아시아태평양 뉴스룸 리더십 프로그램 펠로우로 선정됐다. 이화여대 윤세영저널리즘스쿨에서 학생들을 가르쳤다.

• 김한별_KBS 공채 36기 아나운서

서강대 신문방송학과를 졸업했다. 조선대, 광주대, 전남대 등에서 언론사 작문, 필기시험 대비, 발표 등을 지도한 바 있다. 멘토링 프로그램 '아이유(아나운서처럼 이야기하기 with U)'를 운영했다. KBS 뉴스광장, 콘서트 필 등을 진행했다. 한국PD연합회 TV부문 진행자상을 받았다.

• 오경묵_조선일보 기자

경희대 언론정보학과를 졸업했다. 뉴스1 법조팀, 부동산팀 등에서 일했다. 2017년 조선일보로 이직했다. 언론인을 꿈꾸는 카페 '아랑' 운영자(메모장).

• 윤소라_전 SBS CNBC 기자

숙명여대 영어영문학부 졸업 후 미국의 소리(VOA)와 중앙일보 뉴미디어편집국・사회부 인턴을 거쳤다. SBS CNBC 산업부에서 IT・통신・게임을 담당했다.

• 강해령_서울경제 기자

한양대 신문방송학과를 졸업했다. 디지털타임스와 전자신문을 거쳐 서울경제에서 일하고 있다.

• 강민경_연합뉴스 기자

연세대 경영학과를 졸업한 뒤 연합뉴스TV에 입사했다. 현재 연합뉴스 정치부에서 일하고 있다.